华夏文库·佛教书系

雪域梵音
藏传佛教史

熊江宁 著

大地传媒　中州古籍出版社

《华夏文库》发凡

毫无疑问，每一个时代都有属于自己时代的精神追求、文化叩问与出版理想。我们不禁要问，在21世纪初叶，在全球文明交融的今天，在信息文明的发轫初期，作为一个中国出版人，我们正在或者将要追求什么？我们能够成就或奉献什么？我们以何种方式参与全球化时代的文化传播进程？在一连串的追问下，于是，有了这套《华夏文库》的出版。

自信才能交融。世界各大文明在坚守自身文化个性的同时，不约而同地加快了探视其他文化精神内涵的步伐，世界不同文明正在朝着了解、交流、碰撞、借鉴与融合的方向前进。在此背景下，建立自身的文化自信，正是与世界各文明民族进行文化交流的基本要求。五千年中华文明与文化正在不断地被其他文明所发现、所挖掘、所认知，汉语言正在生长为世界语言，儒文化正在世界各地生根发芽。

借助这样一种正在成长着的文化自信、自觉、开放、亲和之力，用我们这个时代的学术眼光全面系统梳理中华五千年的文明与文化，向其他各大文明与文化圈正面展示自我，让中华优秀文化成为世界文化的重要组成部分，正是我们出版这套文库的目的之一。此其一。

知己才能知彼。身处五千年文化浸润的今天，重新思考我们先人的人生思考、价值思考与哲学思考，找到一个民族、一个国家的价值所在、立命所在、安身所在,这已经是我们这个时代的学人与出版人不得不再思考的问题。作为中华文明的一分子,我们在思考的同时,还必须了解我们的先人创造了如何优秀的精神文明与物质文明以及社会文明。只有熟知自己的文化,热爱自己的文化,悟明自己的文化,我们才能宣说自己、弘扬自己、光大自己。因此,我们策划组织这套《华夏文库》的初衷,还在于让当下的知识青年全面系统瞭望中华文明与文化的全景,并借此能够对更为深广的世界各民族文化提供一个比较认知的基础。此其二。

顺势才能有为。我们正处在农耕文明、工业文明、信息文明的交汇处,信息文明带领我们从读纸时代进入读屏时代,以智能手机屏幕为代表的书籍呈现方式正在与纸质书籍争夺阅读时间与空间。我们正在领悟数字技术,正在以信息文明的视角,去整理、分析和研究农耕文明与工业文明的文化遗产,不仅仅是为了唤醒优秀的传统文化,我们还在生发和原创着当今时代的文化。由此,我们试图架起一座桥梁——由纸质呈现而数字呈现,由数字呈现而纸质呈现,以多媒介的书籍呈现方式,将文字、图像、声音与视频四者结合,共同筑成《华夏文库》以奉献给信息文明时代的新读者。此其三。

总之,这是一套——专家大家名家写小书;以最小的阅读单元,原创撰写中华精神文化、物质文化与社会文明系列主题与专题;以图文、音视频多媒介呈现的方式,全面介绍与传播中华文明与优秀文化,系统普及与推介中华文明与文化知识;主旨是为了让世界与中国共同了解中国的——大型丛书,借此,复兴文化,唤起精神,融入世界。

耿相新
2013 年 6 月 27 日

目 录

一 高原甚深法界缘
——藏传概说

1 雪域有奇谈
——藏地风土 ········· 2

2 融通焕异彩
——藏传特点 ········· 10

二 藏地法音声飘远
——历史发展

1 多少兴废事
——吐蕃时期的藏传佛教 ········· 16

2 江河万古流
——佛教在藏地的复兴 ········· 26

3 青史有余名
　　——明清时期的藏传佛教 ················· 31

4 两地频往来
　　——民国时期的汉藏交流 ················· 42

5 斗转换星移
　　——近代至今藏传佛教的变化与发展 ········· 48

三 百千亿劫化阎浮
　——主要教派

1 修法大圆满
　　——宁玛派 ························· 54

2 弘传佛语言
　　——噶当派 ························· 60

3 元代称帝师
　　——萨迦派 ························· 67

4 传承大手印
　　——噶举派 ························· 74

5 中兴严戒律
　　——格鲁派 ························· 83

6 诸派皆妙法
　　——其他派别 ················· 90

四　蓬莱何须觅海上
　　——藏传艺术

1 庄严佛净土
　　——建筑艺术 ················· 96

2 吉祥妙法身
　　——造像艺术 ················· 111

3 殊胜绘圣像
　　——绘画艺术 ················· 117

4 乐舞弘觉道
　　——乐舞艺术 ················· 127

小知识目录

《格萨尔王传》 …………………………………… 5

西藏的苯教 ………………………………………… 8

雪顿节 ……………………………………………… 9

活佛转世制度 ……………………………………… 14

"大宝法王"的历史 ……………………………… 32

元末明初的藏地帕竹政权 ………………………… 36

清朝的驻京喇嘛制度 ……………………………… 41

伏藏 ………………………………………………… 56

噶当派第一座寺院——热振寺 …………………… 63

萨迦派祖寺——萨迦寺 …………………………… 72

活佛转世制度开始之地——楚布寺 ……………… 79

雪域一代女大成就者——玛久拉仲 ……………… 92

西藏第一座剃度僧人出家的寺院——桑耶寺 …… 102

藏传佛教的"吉祥八宝" ………………………… 104

第二普陀山——布达拉宫 ………………………… 109

藏传佛教绘画中的四祥瑞图 ……………………… 122

唐卡的制作与装裱 ………………………………… 126

藏传佛教的诵经调 …………………………………………… 134
多姿多彩的"羌姆"面具 ……………………………………… 134

一 高原甚深法界缘
——藏传概说

在传入内地并与中国本土文化融合而形成汉传佛教之后,佛教也进入了西藏地区,并且发展成大乘佛教的藏传佛教一脉。佛教对藏地的政治、文化、社会生活等,产生了深远影响,几乎成为了藏族文化的一个重要标志。

1. 雪域有奇谈
——藏地风土

按照地域流布,佛教有三大系统,即南传佛教、汉传佛教和藏传佛教。其中的藏传佛教是指从印度发源、7世纪传入藏地,以藏语为主要施教工具,具有浓厚藏族文化特色,包含显、密二教的佛教,主要流行于我国青海、西藏、内蒙古以及距离西藏较近的地区。

9世纪的吉如拉康乌金体藏文
西藏博物馆收藏的文物。最早的藏文书体叫"达斯奔益"。到了7世纪,"藏文之父"图弥三菩扎以玛钦、玛琼为蓝本,创制了现行藏文,规定了两种书体,其中之一就是乌金体

古拉加里王宫遗址
古拉加里王宫遗址位于西藏山南地区的曲松县城南侧，建于13世纪，是吐蕃王室外后裔家庭势力在历经萨迦和帕竹政权后保留下来的王权象征

民族发源

藏族最早起源于雅鲁藏布江流域，有自己的语言和文字。藏语属汉藏语系藏缅语族藏语支，分卫藏方言、康方言、安多方言三种主要方言。现行藏文是7世纪初赞普松赞干布（617～650）建立吐蕃王朝时，根据古梵文和西域文字制定的拼音文字。

内地在唐宋时候称西藏为"吐蕃"，元代称其为"西蕃"，明代称"乌斯藏"，清代称"唐古特"、"藏番"。元朝在西藏地区设置了由中央管理的三新宣尉使司以及都元帅府，管理包括西藏在内的全部藏族地区。清初称西藏为"卫藏"，"卫"即前藏，"藏"即后藏；又将西藏东部称为"康"，中部为"卫"，西部日喀则一带为"藏"（包括阿里），直到康熙年间才称其为"西藏"。

一 高原甚深法界缘

现在我国的藏族人民主要聚居在西藏自治区，青海的海北、黄南、果洛、玉树等藏族自治州，海西蒙古族、藏族自治州，甘肃的甘南藏族自治州、天祝藏族自治县，四川的阿坝藏族羌族自治州、甘孜藏族自治州，以及云南的迪庆藏族自治州等。

文化性格

佛教在西藏的发展经历了一个曲折的本地化过程，在此过程中与当地社会不断融合，因此要了解藏传佛教就必须了解藏地文化。

西藏位于亚洲大陆中部的昆仑山脉与喜马拉雅山脉之间，有着世界上最特别的自然景观——与世隔绝的雪域高原、世界屋脊、地球极地等。这样的地理环境，虽然阻碍了藏民族与外界的交往，却促使他们产生出强烈的突破环境束缚的欲望，并具备了开阔豁达的心胸，在青藏高原这个艰险的地理环境中尽可能地创造自身的文明，拓展与周边各民族的交流与往来。这就赋予了西藏文化兼容性、综合性、凝聚

铜版壁画之编织景象
西藏山南泽当镇的藏源民俗村商业街铜版壁画，反映了西藏地区的编织景象

性和相对开放性等特征。

藏族人的这种文化性格导致了产生于这片高原上的藏传佛教也以开放的态度，兼容并包。除了学习、翻译、引进印度的显、密教佛典外，藏族人还从印度、尼泊尔、大夏、突厥、蒙古和内地引进了许多珍贵的世俗文化艺术，和藏民族本土文化相结合，形成了藏传佛教的一套文化体系，包括语言文字、历史、文学、逻辑、哲学、医学、数学、天文历算、风水、占卜、雕塑绘画、土木建筑、音乐舞蹈、饮食服饰、生活习俗等。

"藏传佛教"这个概念已经突破了宗教范畴，和丰富多彩、包罗万象的藏族文化紧密地融合在一起。通过寺院传授知识、培养人才，藏传佛教的这一庞大文化体系得以完整保存并发扬光大。

西藏的人文精神在史诗《格萨尔王传》中体现得最为充分。在这一史诗产生的时期，由于兵祸不断，藏族人民从心灵深处渴望一个和平、安宁、稳定的环境，期盼有一个能够保护藏族部落和人民的英雄出现，而《格萨尔王传》的产生正好满足了人民群众的这种期待心理。

小知识◎《格萨尔王传》

《格萨尔王传》作为一部诗歌化的古代藏族史，是迄今发现的史诗中演唱篇幅最长的，代表了古代少数民族口头叙事艺术的最高成就。相传格萨尔王是莲华生大师（生卒年不详）的化身，生于1038年，殁于1119年。格萨尔出身贫寒，后来获得机会登上王位，进驻岭国的都城森周达泽宗并娶妻。他一生戎马，降妖伏魔，除暴安良，惩恶扬善，弘扬佛法，

格萨尔王藏戏表演
2009年6月,在四川成都第二届非物质文化遗产节大型巡游活动上表演的格萨尔王藏戏

南征北战,统一了大小150多个部落,领土始归一统,是藏族人民引以为豪的英雄。

格萨尔去世后,岭葱家族将岭国都城森周达泽宗改为家庙,以格萨尔王的显赫事迹昭示后人。后来岭葱土司翁青曲加于1790年在今阿须的熊坝协苏雅给康多修建了"格萨尔王庙"。十一届三中全会后,在原址处重建为"格萨尔王纪念堂"。

宗教信仰

在佛教传入西藏以前,当地人信奉一种原始宗教——苯教。作为一种巫教,苯教具有多神崇拜的特征,崇拜对象包括日、月、星辰、山川等。原始苯教没有独立的教义和系统的理论,他们的宗教观念主要通过巫师以占卜、祈祷、咒术以及特殊的仪轨加以实现。苯教以其"万物有灵"、"灵魂不灭"的观念,作为一种心灵寄托扎根于藏民族之中,是藏文化的重要组成部分,也为后来佛教的本土化提供了一定的基础。

相传辛饶米保在神山冈仁波齐修道,以原有的苯教为基础,吸收其他部落族群的文化,创立了雍仲苯教,与原始苯教产生了很大的区别。一直到7世纪,雍仲苯教都是吐蕃地区唯一的宗教信仰。

苯教佛像
此图摄于1938年,是位于四川的苯教神像。佛教传入藏地之后,苯教的影响逐渐变小,但是在藏地依然有很多苯教徒

苯教仪式
一名苯教喇嘛在一场宗教仪式上送鬼。摄于1939年

佛教传入西藏后,苯教曾与佛教有过激烈的冲突。经过长时间的斗争,佛教终于替代苯教,成为藏族的主要信仰,并且结合藏地的文化产生出富有新意的、藏化了的佛教。自此,佛教信仰便成为藏民族文化的中心。藏族的许多传统节日、风俗和历史均与佛教有关,比如藏族最重要的传统节日——藏历新年及正月十五,很多地区都要举行宗教法会,许多寺院举行的跳神、跳藏戏等活动多为佛教的庆祝仪式。

小知识◎西藏的苯教

苯教,又称钵教,因其教徒所穿着的衣冠皆为黑色,故俗称黑教。"苯"(Bon)是"颂咒"、"祈祷"、"咏赞"之义。苯教经典认为"苯"字蕴藏着无穷含义,基本与汉传佛教中的"法"、印度梵文中的"达摩"意义相同。苯教最初流行于后藏地区的阿里一带,后传布至西藏各地,在吐蕃王朝前期占有统治地位。后来随着佛教在藏地影响力的日益扩大,苯教势力逐渐向西藏周边的四川、云南等地发展,在藏传佛教势力相对薄弱的地区建立了寺庙。那些保持了很多自身特点的苯教,被称为黑苯教。而那些主动调和与佛教的矛盾、乃至在教义和仪轨上向佛教靠拢，成为类似藏传佛教的一个教派的苯教，被称为白苯教。

15世纪初，宗喀巴建立黄教后，势力几达全藏，苯教势力仅残存于西藏东部及北方边地的游牧民族之间。苯教的原始经典大都被摧毁，或者被佛教徒大量改编。不过在残存的一些法本中可以看到苯教修行过程的一些线索和教义基础。

◎雪顿节

每年藏历六月底七月初是西藏传统的节日——雪顿节。藏语"雪"意为"酸奶"，"顿"意为"宴会"，"雪顿"节即为酸奶节。雪顿节源自佛教"结夏安居"的制度：比丘、沙弥要在夏天雨季期间足不出户，闭门修习，以免踩伤这一时期较多的虫类。结夏安居一般始于藏历三月，持续三个月时间，在六月三十日结束，结束称为"解制"。解制这一天，出家人纷纷下山，老百姓要以酸奶敬献，这就是雪顿节的最初来源。

到了17世纪五世达赖喇嘛时期，为了让静修期间足不出户的僧人们放松一下，雪顿节又增添了跳藏戏的内容，这标志着宗教活动与文娱活动结合的开始，由于最初的活动是以哲蚌寺为中心的，因此也被称为"哲蚌雪顿"。18世纪，达赖喇嘛的夏宫罗布林卡建成后，雪顿节活动又移到罗布林卡内，并允许老百姓入园看戏。从此，雪顿节的活动便更加完整，形成了一套固定的节日仪式。发展到今天，雪顿节还加入了文艺汇演、商贸洽谈、物资交易、旅游观赏等项目，成为拉萨夏日最隆重的节日。

2. 融通焕异彩
——藏传特点

佛教在藏地的传播过程可以分为两个时期：一是从7世纪到9世纪的初传时期，被称为"前弘期"；二是从11世纪中叶至15世纪佛教经历衰落之后的复兴期，被称为"后弘期"。前弘期的初传佛教经历了与苯教的激烈冲突，其发展也遭遇了起伏。后弘期佛教在自身体系和特点的基础上，与西藏文化进行融和，并逐渐形成了教义理论与修行方法不同的多个教派。自后弘期起，佛教才真正在藏地扎根，形成具有鲜明特点的藏传佛教。

从形成过程来看，藏传佛教具有兼容并包的本土化特点。前弘期佛教初传入藏，不断遭受苯教的排斥，经过长时间的冲突、融和，再到后弘期佛教重新振兴，开始吸收苯教的教义、观念、神祇和宗教仪式而走上本土化的道路，增添了不少地方民族色彩。对不同观念和思想的吸收、融合，使佛教完成了藏地化过程，形成了既包含深奥的佛教哲学思想，又蕴含独特藏地文化的藏地佛教。

从学修体系来看，藏传佛教属于大乘佛教中独具特色的一个支派。

在后弘期，不断有印度和克什米尔地区的高僧前往青藏高原传法，而藏地的地方政府也派出大小规模不等的僧团到这些地区学习并求取经典。在这些交流中，印度佛教的显、密教义大多都传入藏地。从佛典的翻译整理上看，藏文《大藏经》的翻译水平一流，不仅内容准确、严谨，所收经典的种类也最为齐全。从修学的完整性上看，藏传佛教最大程度地保留了原始佛教的精义，并不轻视小乘教法，而且全面继承了印度显、密佛法的学统，达到大小乘并重、显密双修的学修规范。虽然藏传佛教派系众多，但是从总体上都坚持闻思修并重、戒行与正见并重、显教与密法并重、度众和自度并重。

从传承方式来看，藏传佛教既有僧庙系统的师徒传承，也有像萨

藏文化历史人物塑像
西藏山南扎囊县桑耶镇的桑耶寺内的历史人物雕塑。桑耶寺是藏地第一座剃度僧人出家的寺院

活佛坐床仪式
图为20世纪30年代,青海的洪布活佛在坐床仪式上。活佛坐床礼仪是藏传佛教寺院中最为重大的宗教仪式

迦派这样的家族传承。喇嘛在传承中往往起到重要作用。"喇嘛"与汉传佛教的"和尚"一词相仿,都是指道德、修养、学问能够为人师表、指导众人的出家人,通常是教派或寺院的领袖。喇嘛在藏传佛教中有着特殊的地位,西藏的佛教徒对于大喇嘛往往敬若神灵,甚至有佛、法、僧、喇嘛"四宝"之说,故而有人把藏传佛教称作"喇嘛教"。

西藏有政教合一的传统,13世纪之后为了解决寺院财产和教权的继承人问题,依据佛教转世轮回的思想,在藏地产生由前任喇嘛转生成为灵童的活佛转世制度,凡被选为灵童者便有资格入主寺院接任寺主、法主。

从对密法的重视程度来看,藏传佛教与汉传佛教有很大区别。藏传佛教极其重视咒语的念诵,很多修行者以获得念咒灵力作为修习目的。在前弘期之初,密教大师莲华生进藏时,就是以密法镇服了一些敌视佛教的势力。由于密法中的某些形式与苯教有相似之处,所以佛教密法很容易为藏地民众所接受。而在佛教传入西藏的时代,印度佛教正处于密教鼎盛的历史时期。内外两种因素的结合,使得藏传佛教从一开始就具有浓厚的密教特色。后来虽经噶当派祖师阿底峡(982～1054)、格鲁派创立者宗喀巴(1357～1419)的改革,藏传佛教逐渐强调显密的结合,但在民间信仰及某些教派中,密教仍然占有重要的地位。

从佛教的影响与社会地位来看,藏地社会生活的各个领域都和佛教紧密结合,虽然内地的佛教在某些朝代也曾被君主视为国教,但总体来说还是做到了政教分离,中央政府还会采取一些政策来限制僧人的发展并对寺产进行控制。而在藏地则有政教合一的传统,宗教领袖同时就是政治领袖。另外,佛教组织还是藏地开展教育的主导力量。在过去,藏民如果要接受专门的、全面的教育,就只有出家一途,因为寺院就是学校,寺院的教育教学就代表着西藏的教育面貌。

此外,藏传佛教的僧职也形成了一套严格的选拔制度,起到了维系寺院僧团秩序、开展宗教活动的组织保障作用。相关的僧职都有对应的称谓,大体可分为封号性、学位性、戒律性和组织性称谓四类。其中,封号性僧职称谓是由历代中央王朝所授封的,最具声望,最早获此殊荣的是忽必烈（1215～1294）的帝师：萨迦派第五代祖师八思巴（1235～1280）。八思巴被授予玉印,统领天下佛教。学位性僧职称谓在教内也有很高的威望,因为只有极少数的僧侣经过长期的清苦修学才能获得此学衔,能够显示在佛学知识领域内具有的专业水准和身份,这类僧侣一般被称为"格西",意即佛学博士。

藏传佛教的这些特点,决定了藏传佛教将作为一个具有生命力的佛教体系不断地发展。通过长期的民族交流,藏传佛教不仅在西藏影响深远,还在四川、云南、甘肃、青海、新疆、内蒙古等地区流传,并传入不丹、尼泊尔、蒙古及俄罗斯。

小知识◎活佛转世制度

"活佛"是指转世再来的修行者,又称"祖古",尤其是指那些已经获得证悟并发愿再来的人。活佛的产生依据佛教的转世轮回思想。佛教认为,达到一定程度的修行者可以自主控制转世投胎的方向,不断地造福与自己有缘的众生,藏传佛教把这一思想运用于高僧大德的法位继承。

活佛转世制度创始于13世纪噶举派大宝法王的传承。格鲁派兴起后,从三世达赖开始采用转世制度解决宗教领袖的继承问题。经过其他高僧认证的上一世某大师的转世之身就被称为活佛。新继承人从被寻认直到正式坐床前,得经过一段艰苦的学习培养期。在举行坐床仪式、正式继承法位后才是正式活佛。活佛转世已经成为藏传佛教中普遍采用的一种高层宗教领袖培养模式,其寻访、认定方法不断完善、丰富和规范化,形成了一套完整的仪轨,并作为一种制度沿袭下来。

二 藏地法音声飘远

——历史发展

佛教从松赞干布（617～650）时期传入西藏后，在藏地的传播、发展和演变经历了一个漫长而曲折的过程，形成了诸多教派，成为具有藏民族特色的佛教体系。历经数个朝代的更迭，藏传佛教仍然保持着强大的生命力。

1. 多少兴废事
——吐蕃时期的藏传佛教

佛教在7世纪初期传入西藏后,开始进入藏传佛教的"前弘期"。在藏地的传播与发展中,佛教经历了当地的禁佛与灭佛运动,一度曾出现了传播的中断。

佛教传入西藏

吐蕃王朝是7~9世纪时,藏族在高原上建立的一个古老王国,由松赞干布赞普到朗达玛赞普,前后延续两百多年,是西藏历史上创立的第一个政权。佛教在藏地的前弘期,正处于吐蕃王朝阶段。

在藏文文献中对于佛教传入西藏的历史时间,有两种不同说法。一种说法认为,在松赞干布之前,佛教已经传入了吐蕃。据说大约在5世纪,即吐蕃王室的祖先拉脱脱日年赞时期,从天空中落下了黄金宝塔、六字大明心咒等佛教宝物,拉脱脱日年赞便对这些天降之物加以供养。有些西藏传统历史著作认为这是佛教在吐蕃传播的开始。

松赞庙
西藏山南地区琼结县松赞干布墓顶的松赞庙，内供松赞干布、文成公主、墀尊公主和大臣禄东赞等人的雕像

另外一种说法认为，在松赞干布时期，佛教从我国内地、尼泊尔和印度同时传入西藏。当时藏地有大臣到印度和尼泊尔学习，带回来一些佛教经典，佛教在西藏开始初步传播。同时，由于松赞干布积极发展与邻近地区的友好关系，先后与尼泊尔墀尊公主（？～649）和唐朝文成公主（约623～680）联姻，也促进了佛教的传入。墀尊公主和文成公主各自带了一尊佛像到西藏，即释迦牟尼佛8岁等身像和释迦牟尼佛12岁等身像，松赞干布也因此在拉萨修建了当地最初的寺院——大昭寺和小昭寺，分别供奉这两尊佛像。

松赞干布本人深受两位王妃的影响而对佛教加以崇奉。他派遣藏地青年前往印度学习佛法，翻译佛教经典，并以佛教的"十善法"作为治国和教化人民的根本理念。藏传佛教由此进入了前弘期。

藏王墓内塑像
西藏山南地区琼结县藏王墓的松赞干布墓中的松赞干布和文成公主、墀尊公主的塑像

佛教在西藏的发展

在松赞干布时期，佛教虽然进入了西藏，但是并没有形成本土的僧侣队伍。吐蕃的朝政大权依然在信奉苯教的一批大臣手中，因此当时佛教的影响范围还十分有限。

650年，松赞干布驾崩，此后佛教在西藏的发展一度受到阻碍，直到墀德祖赞（698～755）执政，迎娶了唐朝金城公主（约698～740），他努力振兴佛教，派遣青年入唐参学，佛教在西藏才开始恢复生机。金城公主入藏，带来大量文化典籍，包括许多佛教经典著作。入藏后，她还将文成公主带来的佛像迁到大昭寺供奉，并安排

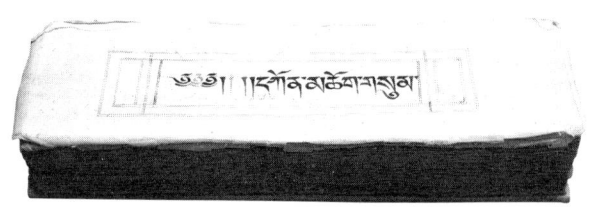

《法王松赞干布遗训》
藏于西藏博物馆的 7 世纪《法王松赞干布遗训》，这是吐蕃赞普发布的命令与旨意

随行僧人管理寺庙，主持宗教活动，建立谒佛之供。现在的民众到拉萨朝佛之习俗便由此而形成。

墀德祖赞和金城公主的这些举措促进了佛教在西藏的发展，引起苯教大臣的不满。755 年，墀德祖赞被臣下所杀，他的儿子墀松德赞（742～797）年幼登基。原本信奉苯教的贵族利用自身的实权，发动了藏族史上第一次禁佛运动，颁布"禁佛"敕令，禁止藏民在西藏境内信仰佛教，驱逐僧人出境，改大昭寺为屠宰场，将文成公主带入的佛像埋在地下，拆毁墀德祖赞时所建的两座寺院。

墀松德赞掌权后，对此进行反击，展开一连串的护法行动，佛教的发展状况才得到改善。墀松德赞迎请印度寂护大师（？～762）和莲华生大师入藏说法，并由两位大师在 799 年修建起西藏第一座剃

墀松德赞像
清代西藏铜镀金墀松德赞像。墀松德赞（742～797）是吐蕃时期为藏传佛教的发展起到重要推动作用的一位赞普

二　藏地法音声飘远 | 19

小昭寺

西藏拉萨的小昭寺位于大昭寺北面约500米处，7世纪中叶由文成公主督饬藏汉族工匠建造，通常与大昭寺连称"拉萨二昭"而驰名于世

度僧人出家的寺院——桑耶寺，拨给桑耶寺属民200户作为供养，为寺院提供日常活动所需要的人力和物力。两位大师还在桑耶寺为7名贵族子弟剃度，这7个人被称为"桑耶七觉士"，成为西藏第一批真正的住寺僧人。"桑耶七觉士"的产生，开启了藏地自行剃度僧人的历史。

墀松德赞之后，一直到赞普墀祖德赞（806～838）时期，是藏传佛教前弘期的巅峰期。墀祖德赞广译经典，并收录大小乘的主要经论，还将墀松德赞时期规定的"三户庶民供养一僧"，改为"七户养僧制"，即七户庶民供养一僧。在这样优越的待遇下，出家人急剧增加，对社会经济造成了一定负担。

墀德祖赞、墀松德赞、墀祖德赞这三位赞普对佛教的极为推崇，使佛教在藏地逐步由宫廷走入民间，极大地促进了佛教在吐蕃的发展。上述三位国王也被尊奉为"三大法王"，分别被看作是观世音菩萨、文殊菩萨和金刚手菩萨的化身。

前弘期的著名僧人

在前弘期，除了政治统治者之外，也有很多僧人对藏传佛教的发展作出了重要贡献，其中最著名的包括寂护、莲华生、无垢友和摩诃衍。

寂护是印度佛教僧人，作为一位中观自续派论师，在当时印度佛教界以长于因明而声名卓著。743年，寂护被吐蕃赞普墀松德赞迎请

莲华生塑像龛
西藏扎囊县桑耶镇桑耶寺内的莲华生塑像龛。印度高僧莲华生大师是将密宗引入西藏的第一人，也是藏传佛教"宁玛派"的祖师

二 藏地法音声飘远 | 21

入吐蕃传教,在西藏宣讲"十善业"、"十二因缘"、"十八界"及中观派学说,并且在拉萨主持翻译佛教典籍。因为苯教势力的干预,在广大臣民们的压力下,寂护离开西藏去尼泊尔居住了6年。寂护在离开之时建议赞普迎请印度密教大师莲华生入藏传法。749年,寂护再度来到藏地,并且在赞普的支持下,以古代印度的乌达波寺为蓝本,与莲华生共同主持建设了藏传佛教史上第一座佛、法、僧俱全的寺庙——桑耶寺。

莲华生是将密宗引入西藏的第一人,也是藏传佛教"宁玛派"的祖师。莲华生在印度以神通、咒术名闻一时。传说莲华生大师入藏后,曾用密咒降伏了藏地的神魔,并使苯教徒皈依佛教。莲华生在藏地宣扬秘密法门,并教导藏族弟子学习译经,将重要显密经论译成藏文,创建显密经院及密宗道场,发展在家、出家两种僧团制,奠定了西藏佛教的基础。

无垢友生于西印度,精通小乘和大乘。8世纪时,莲华生大师建

西藏拉萨色拉寺正在辩经的喇嘛

辩经指按照因明学体系的逻辑推理方式,辩论佛教教义的学习课程。藏语称"村尼作巴",意为"法相",是藏传佛教喇嘛攻读显宗经典的必经方式。多在寺院内空旷之地、树荫下进行。最早源于墀松德赞时期大乘和尚和噶玛拉锡拉的公开辩论

议赞普墀松德赞邀请无垢友到西藏传法。无垢友入藏后,弘扬大圆满法门,是大圆满传承的早期最重要的祖师之一。他还与莲华生、寂护三人为首代表佛教,参与了佛、苯二教的辩论,赞普当众宣布佛教胜利。

在迎请印度高僧的同时,墀松德赞赞普还曾派近臣前往内地请僧人到西藏讲经。著名的大乘和尚摩诃衍(生卒年不详)就是汉族僧人在西藏的代表,他在西藏讲经说法11年,著述9部经论,对内地佛教在西藏的兴盛起到了重要作用。

摩诃衍是唐代禅宗高僧,他来到藏地后,在拉萨、昌珠、琼结等地传授禅法。他曾向墀松德赞讲授过禅宗法门,很受赞普尊重。短短几年间,追随摩诃衍的弟子人数过千,其中包括当时吐蕃王朝的一些贵族,甚至反对印度佛教的一些苯教大臣也支持他。在教派之间的纷争中,摩诃衍曾被迫与印度僧人辩论法义,最后论败,不得已离开拉萨回到了敦煌。然而,禅宗对于藏传佛教的影响并未因此中断,比如"宁玛派"的"大圆满法"、噶举派的"大手印",都具有禅宗的思想特性。

苯教徽
西藏丁青县,苯教信徒民居墙壁上的教徽"卍"和屋顶上的牛头

佛教发展的中断

从松赞干布开始,吐蕃几位赞普大力提倡佛教,兴寺建庙,翻译佛经,以王室收入供养僧人。到了赞普墀祖德赞时期,他将大臣、贵族的土地赐给佛教僧人和寺院,还邀请僧人直接参与朝政。在他的极力推崇下,佛教僧人获得了极高的礼遇,甚至拥有了凌驾于群臣之上的权力。但也正因为如此,佛教僧人遭到了来自世俗权贵和苯教大臣的抵制。

838年,反对佛教的大臣将墀祖德赞暗杀,并且推举他的哥哥朗达玛(?~842)做新一任赞普。朗达玛当权后,大力压制佛教,掀起了吐蕃历史上最大规模的灭佛运动,佛教在藏地遭遇到前所未有的毁灭性打击。

从838年到842年,朗达玛采取了一系列针对佛、法、僧三宝的禁佛措施,对佛教的打击十分沉重,藏地佛教的弘传被迫中断,以致西藏佛教史把朗达玛时代以后的近百年间称为"灭法时期"。

首先是停建、封闭佛寺和破坏寺庙设施。桑耶寺、大昭寺等著名寺院神殿都被封闭,小昭寺被改为牛圈。佛教活动场所都遭到查禁。许多佛像被钉上钉子扔到河里,文成公主带来的释迦牟尼佛像再次被埋在地下。寺内的壁画被抹掉,并画上僧人饮酒作乐图。

接着是焚毁佛经。数量众多的各种佛经被烧掉,其中有少数佛经被僧人偷偷地埋入岩洞之中才得以保存下来,这就是后来发掘出来的被称为"伏藏"的典籍。

佛教僧人遭到镇压。印度、西藏的僧人处境惨不忍睹,四处逃散。有一部分僧人逃往印度,留在吐蕃的僧人则多被强迫还俗或改信苯教,

大昭寺
大昭寺是西藏现存最辉煌的吐蕃时期的建筑。据说大昭寺在建造时曾以山羊驮土，因而最初的佛殿曾被命名为"羊土神变寺"

有的僧人还遭受百般屈辱。

842年，为了保护佛教在藏地不致灭绝，僧人拉隆贝吉多杰（生卒年不详）不得不开杀戒，将朗达玛刺杀，结束了五年的禁佛运动。藏传佛教的"前弘期"也至此结束。之后吐蕃权臣彼此之间互相征战。松赞干布开创的、历经十余代赞普的吐蕃王朝近200多年的统一政权因此终结，随后一场平民大起义席卷了藏地，高原陷入各个势力割据一方的分裂状态。

2. 江河万古流
——佛教在藏地的复兴

朗达玛灭佛后过了100多年,佛教从原西康地区和卫藏地区再度传入西藏,藏传佛教进入后弘期,佛教在藏地逐渐复兴,并且形成了诸多宗派。

佛教的复兴与诸派的形成

前弘期结束之后,佛教组织在藏地受到极大的摧毁,但是佛法并没有完全失传。在西藏民间,依旧存在着不少在家修习密咒金刚乘法的人士。这部分人并没有出家,因此大多免于迫害,密乘律仪的传统才没有灭绝。前弘期翻译的那些经典也有一部分得到了妥善保存,为佛教后弘期的开始奠定了一定的基础。

9世纪之后,吐蕃王朝的后裔分为沃松和云丹两支。沃松的后裔来到西藏西部的阿里一带,建立了三个小的地方政权,其中就有著名的古格王朝。云丹的后裔在拉萨、山南等地,以西宁为中心,形成了

古格王朝遗址
位于西藏扎达县。古格王朝是在10世纪前后,由吐蕃王朝末代赞普朗达玛的重孙吉德尼玛衮在吐蕃王朝崩溃后,率领亲随逃往阿里建立起来的

一个小的地方政权,以及一些相对较小的地方势力。此后,西藏战火渐息,社会也相对趋向稳定,这为宗教的复兴提供了必要的社会条件。

此时,佛教再度传入藏地,藏传佛教进入后弘期。根据传入路线的不同,藏传佛教后弘期的弘传分为上路弘传和下路弘传。

上路弘传是指从阿里地区传入佛教。为了发展佛教,古格王朝的统治者意希沃(生卒年不详)仿照前藏的桑耶寺建立了阿里地区著名的寺院——托林寺。经过两次迎请,印度的阿底峡尊者来到西藏,在卫藏传教9年。阿底峡入藏传法,掀起藏传佛教复兴的高潮,推动了重振藏传佛教正统的进程。至此,藏传佛教后弘期在整个藏族地区全面开始。

下路弘传是指从安多地区(今青海东部藏族地区)传入佛教。据记载,在朗达玛灭佛之时,有三位僧人逃往安多地区,由于他们的努力,

托林寺

坐落于西藏阿里地区扎达县城西北象泉河畔的托林寺,始建于996年,是古格王朝在阿里地区建造的第一座佛寺,是当时的佛教中心。"托林"意为"飞翔空中永不坠落"

使佛法的传承没有中断。到后来,西藏有信仰、而且想修行佛法的人便都到安多去求学戒律。后来,卫藏的鲁梅等12人受藏王的派遣也到安多地区受戒学法。这些人学成返回卫藏后,建立寺院,传戒度僧,发展僧团,从而使卫藏地区的佛法得到恢复和传播。

10世纪后半期,有一个名叫弥底的印度僧人在康区讲授《俱舍论》等经论,不仅开展翻译工作,还用藏文写了一本著名的藏文文法书《语言门论》。弥底的门徒很多,其中最有成就的是噶当派创始人仲敦巴(1005～1064)等。在弥底等人的弘传下,康区也成为藏地一个研习佛学的中心。

经过再度弘传,佛教在藏地得到复兴并且发展很快。佛教与苯教在进行斗争的数百年时间中,互相吸收、互相融合,使得佛教完成了本土化过程,形成了具有西藏地方色彩的佛教独立派系。

后弘期的佛教由于师承和所传教法的不同，从 11 世纪开始陆续形成各种支派，总称为"新译密咒派"或"新派"。到 15 世纪初格鲁派出现后，藏传佛教的派别才最终定型，主要有宁玛派、噶当派、萨迦派、噶举派等前期四大派和后期的格鲁派等。格鲁派兴起后，噶当派并入格鲁派而不再单独存在。

藏地政教合一的形成

从墀松德赞时期出现了第一批出家人开始，佛教僧人逐渐获得了重要的地位。随着佛教后弘期的到来，兴起了许多大小不同的教派，佛教高僧广收门徒，大建寺院。为了加强自己的势力，各教派与不同的地方政治势力相结合，收纳田地、人户、牲畜、财物等供养，逐渐形成了强大的寺院经济体系。

同时，寺院和僧侣承担起社会教育和发展文化的作用，僧侣们是当地文化水平较高的群体，掌握医术、历算、历史、哲学、文学等多种知识。因此藏地的一些大寺院便成了当地政治、经济、文化、教育的多功能中心，影响着西藏社会的发展进程。

随着贵族阶层对佛教的支持越来越多，甚至一些权势贵族也加入了僧侣集团，藏地开创了僧侣驾凌和支配世俗政权的先声，有些教派领袖从最初的宗教人员转变为集政权、教权于一身的领导者，寺院僧团也进而发展成为统驭一方的政治势力，为藏地确立政教合一的模式准备了条件。

藏传佛教的后弘期，正是内地的宋元时期。蒙元王朝建立后，蒙古族与藏传佛教开始接触。萨迦派的四祖贡噶坚赞（1180～1251）前往凉州与蒙古族帝室会晤，拉开了以后元朝政府对西藏地方行使行政管理的序幕。

由于蒙元政权的支持，萨迦派也取得了卫藏地区在政治和宗教上的领袖地位。1260年，忽必烈称汗，册封萨迦五祖八思巴为国师，由此开创了元朝历代帝王任命帝师的做法。到1269年，又将八思巴升号为"大宝法王"，并在中央设置总制院，掌管全国佛教事务和西藏地方行政事务，任命八思巴国师兼领总制院事，协助中央对西藏的管理。

在元朝中央政权的大力支持下，萨迦派的政治、经济力量和社会影响力空前加强，建立了统领全藏的萨迦王朝政权，藏族历史上政教合一的政治制度从此正式形成。

3. 青史有余名
——明清时期的藏传佛教

明清时期，藏传佛教进一步发展。格鲁派建立、发展一段时间后，在藏地具有了政教合一的领导地位。中央政府对于藏地的政策逐渐确立，藏传佛教在内地得到传播。

从永乐时期开始的对藏册封制度

明代中央政府经过开国后30多年对藏区情况的了解，到明成祖朱棣（1360～1424）时期，首次对西藏各教派首领实行普遍封王，实行"多封众建"，开始形成明确的治藏政策，意图通过藏地宗教领袖的影响来巩固和保持明朝对藏区的主权地位。

明代不仅广泛分封，还大幅度提高了对僧人的分封规格，在所封的僧人名号中，以"法王"为最高等级，如噶玛噶举派的"大宝法王"、格鲁派的"大慈法王"等。

明永乐十二年（1414），格鲁派创教大师宗喀巴的大弟子释迦也失（1354～1435）代替宗喀巴进京应诏，受到盛大欢迎。1415年，释迦也失被明成祖封为"西天佛子大国师"，到1434年，又被明宣宗朱瞻基（1398～1435）封为"万行妙明真如上胜清净般若弘照普慧辅国显教至善大慈法王西天正觉如来自在大圆通佛"，简称"大慈法王"。此外，明代宗皇帝朱祁钰（1428～1457）还将藏东地区的藏传佛教高僧班丹扎释（1377～？）封为"宏通妙戒普慧善应慈济辅国阐教灌顶净觉西天佛子大智法王"，简称"大智法王"。

"法王"之下是"教王"，如帕竹噶举派的阐化王、噶玛噶举派的护教王、直贡噶举派的阐教王、萨迦派的赞善王和辅教王等。在明成祖分封的法王和教王中，囊括了藏地从东部到西部最有实力的几大派系，从上到下依次为"西天佛子"、"灌顶国师"、"大国师"、"国师"、"禅师"等，由此建立了一套较完善的僧官制度。

到明朝中期，明孝宗朱祐樘（1470～1505）即位后，群臣上书表达重用僧道的流弊，要求皇帝进行革除。于是，所有受封僧人都被降职一等，只留15人住京师，其余僧人都遣回本土。到明武宗朱厚照（1491～1521）时，武宗对藏传佛教尤其感兴趣，还自封为"大庆法王"，对藏族僧人的封赏更上层级，大量藏族僧人被封为法王、大国师、国师、禅师等。

小知识◎"大宝法王"的历史

"大宝法王"原是元朝封给萨迦派八思巴的封号，为藏传佛教领袖人物的最高封号，明朝将此封号封给噶玛噶举派活佛，表明此时噶玛噶举派的实力已经超过了萨迦派。

正觉大乘法王之印

西藏博物馆藏的1413年正觉大乘法王之印。"大乘法王"是明永乐帝赐予萨迦派僧人的封号,是明代三大法王之一

1402年,明成祖朱棣就曾迎请噶玛噶举派黑帽系第五世活佛得银协巴(1383~1415)。明永乐四年(1406),得银协巴抵达南京,受到明成祖的盛情款待,成为第一位受到明朝皇帝信仰的藏传佛教高僧,并受封为"万行具足十方最胜圆觉妙智慧善普应佑国演教如来大宝法王西天善自在佛领天下释教",简称"大宝法王"。这一封号由此成为噶玛噶举派黑帽系活佛的专用尊号,沿袭至今。第十七世噶玛巴活佛伍金赤列(1985~?)就是当今在世的"大宝法王"。

明朝时期藏地教派的政权之争

明代的藏地政教发生了很大的变化,萨迦派在元代由于得到中央政府的扶植,影响不断扩大,成为这一时期藏族人民的主要信仰教派。到明朝时候,萨迦派势力逐渐走向下坡。与此同时,噶举派的一支——帕竹噶举经过历代郎氏教主的努力,成为地方实力派而崛起,并于1354年攻下萨迦寺,控制了后藏大部分地区,建立了帕竹地方政权。元中央承认了这一地方政权，元顺帝孛儿只斤·妥懽帖睦尔（1320～1370）加封帕竹地方政权创建者绛曲坚赞（1302～1364）为大司徒，并准予其世袭帕竹政权。

随着萨迦派的衰落和各教派积极参与世俗的政治、军事斗争，到14世纪后半期，西藏佛教已普遍呈现"颓废萎靡之相"，社会各界都渴望能有一个"纯正"、"清净"的新教派出现，格鲁派就是在这种情况下产生的。新兴的格鲁派得到了帕竹集团的积极支持。

在明朝初年，帕竹噶举是势力最大的政教势力；萨迦派和直贡派虽被帕竹击败，但仍保持着雄厚的实力；噶玛噶举派在前藏、康区较有影响；格鲁派经过宗喀巴在教理、教义和修习方法方面的改革，逐渐发展强大。这些教派都有雄厚的寺院经济，并且与地方封建势力有紧密的联系。在帕竹统治时期，西藏地区的经济和文化得到了较大发展。

15~16世纪的大成就者小古古如巴像
藏于西藏博物馆。大成就者是藏传佛教中专以修习密法获得成就并对密法传播作出贡献的那些印度上师的称呼

15~16世纪的泥塑密集金刚像
藏于西藏博物馆。密集金刚，又称密聚金刚，藏名为"桑顿多杰"，是藏密格鲁派崇奉的五大本尊之一

各大教派中，噶玛噶举派的实力早在13世纪中叶时就与萨迦派不相上下。明朝建立后，萨迦派已经衰落，而噶玛噶举派的实力得到进一步发展。与萨迦、帕竹噶举等教派不同，噶玛噶举派由于没有自己的封地，没有形成一个地方政权。但是该派凭借自身特有的活佛转世方式，建立起庞大的寺院集团势力，其领袖人物不断扩大自己教派的影响和实力，从而成为明朝治理西藏所依靠的一大政治力量。

此外，宁玛派在整个帕竹时期没有什么发展，也没有形成一个中心集团，僧侣都分散活动。1718年，准噶尔人举兵占领藏地，宁玛派三大主寺都遭受战火荼毒，多吉扎寺寺主、敏珠林寺寺主、南杰盘德林寺寺主均在此次战争中遇害。后来多吉扎寺、敏珠林寺都得到修复，南杰盘德林寺则被彻底改为格鲁派寺院。

宗山堡遗址
位于西藏日喀则市江孜地区的宗山堡遗址，据说建于14世纪，是帕竹王朝时模仿布达拉宫所建，所以有"小布达拉宫"之称

明朝时期，藏地的宗教领导权经过几番更迭，最终确立了格鲁派的领导地位。格鲁派在藏地得到迅速发展。

1578年，内蒙古的俺答汗（1507～1582）和格鲁派索南嘉措（1543～1588）互赠尊号，其中俺答汗赠给索南嘉措的尊号为"圣识一切瓦齐尔达喇达赖喇嘛"，从此便有了"达赖喇嘛"这一称号。

1610年，西藏信奉噶玛噶举教派的辛厦巴家族首领噶玛·彭措南杰（1566～1620）宣布独立，并于1618年攻克前藏，推翻了帕竹政权，建立了藏巴汗政权。藏巴汗政权建立后，拥立噶玛噶举派黑帽系十世活佛为"全藏法王"，并对发展迅速的格鲁派采取了种种高压政策，如下令禁止达赖喇嘛转世等，以确立噶玛噶举派在藏区的宗教权威地位。

面对严重危机的格鲁派于是向西蒙古厄鲁特四部之一的和硕特部首领固始汗（1582～1655）求援。崇祯十二年（1639），固始汗率军经康区入藏，推翻了四川信苯教反黄教的白利土司，并击败了木氏土司在藏区的军事力量，1642年攻破日喀则，藏巴汗政权灭亡。此后，固始汗在拉萨哲蚌寺建立了黄教政府即甘丹颇章政权，统治了青海、康区和卫藏大部分地区。

小知识◎元末明初的藏地帕竹政权

噶举派是藏传佛教中支系最多的一个派系，帕竹政权是由噶举派中的达波噶举四大支派之一的帕竹噶举建立的。1158年，帕竹·多吉杰波（1110～1170）在帕木竹巴建寺，建立了帕竹噶举派。帕竹噶举兴起、绛曲坚赞就任帕竹万户长后，一直致力收回前代失去的帕竹万户属下的土地和庄园，因而激化了与其他万户的矛盾，也引发了萨迦政权的不满。

1354年，绛曲坚赞率军攻下萨迦寺，取代萨迦政权，建立了控制西藏大部分地区的帕木竹巴地方政权，并获得了当时已经势衰的元朝政府的承认，合法地从萨迦派手中接管了西藏的最高权力。帕竹政权对内实行新政，注意发展生产，整修驿路交通，植树造林，奖励开荒，颁布法典《十六法》，为之后近百年的政权打下了基础。

明代建立后，明太祖朱元璋（1328～1398）封帕竹领袖释迦坚赞为灌顶国师，帕竹政权也得到了大明王朝的认可。之后，新一任帕竹政权领导人扎巴坚赞（1374～1432）被明永乐皇帝册封为灌顶国师阐化王。扎巴坚赞执政期间，对其他教派较为尊重，同时也扶持了新的教派。扎巴坚赞去世后，帕竹家族和仁蚌家族发生了内乱，冲突不断。帕竹政权逐渐走向衰落，名存实亡。

清朝时期的藏传佛教发展

清朝统治之初，对藏传佛教格鲁派采取支持的态度，与格鲁派的领袖达赖和班禅都保持了良好往来。

清朝中期对藏传佛教进行了许多整顿，如对于国师、禅师等封号的封赠加以规范，禁止私自剃度或建寺，对喇嘛的服饰及饮食制度作了一些规整等。这些规定对于严肃教戒僧规，促使藏传佛教的良性发展起到了一定的作用。

格鲁派的班禅系统在清朝确立起来。由于扎什伦布寺寺主罗桑确吉坚赞（1567～1662）在当时复杂的局势中，拯救了格鲁派并使之最终强大起来，清顺治二年（1645），固始汗赠予他"班禅博克多"尊号，即为四世班禅，并将日喀则周围的土地拨归他管辖。班禅活佛的转世体系，也就从罗桑确吉坚赞开始确立。此后，达赖班禅各治一地，达赖治理前藏，班禅管理后藏。格鲁派在藏地的优势地位由此得以确立。

四世班禅、五世达赖、固始汗以及西藏各派势力也均派人赴盛京，分别争取清廷支持。清太宗皇太极（1592～1643）均给予了极高的礼遇，并给这些教派的领袖一一回信。

清顺治九年（1652），清帝邀请五世达赖阿旺罗桑嘉措（1617～1682）进京，礼遇异常殊厚，为他兴建黄寺，作为在京住所，赐给金册、金印，承认达赖喇嘛为西藏的佛教领袖。顺治十年（1653），清朝正式册封第五世达赖喇嘛阿旺罗桑嘉措为"西天大善自在佛所领天下释教普通瓦赤喇怛喇达赖喇嘛"，使这个称号和达赖喇嘛在藏传佛教中的领袖地位正式确定下来。此后，历世达赖喇嘛转世，必经中央政府册封，成为定制。

顺治十一年（1654），固始汗在拉萨病逝，格鲁派与和硕特蒙古的联盟日渐瓦解。五世达赖为使格鲁派在政治上取得独占地位，开始清查寺庙，规定僧人数额，确立寺院组织制度和经济制度，以削

1654年五世达赖喇嘛金印

金印是清朝中央政府对西藏宗教领袖（主要是达赖、班禅）的册封标志物之一。用黄金制成印鉴，上刻有受封名号，用满、汉、蒙、藏等文字书写

弱蒙古汗王的势力。1682年，五世达赖去世后，格鲁派的桑结嘉措（1653～1705）密不发丧，隐瞒长达15年之久。

康熙三十六年（1697），清廷发觉了五世达赖去世被隐瞒一事，桑结嘉措据实陈报事实真相，并找到多年前寻到的隐藏起来的转世灵童，将其迎请到布达拉宫。是年十月，15岁的"灵童"在布达拉宫正式坐床，这就是六世达赖仓央嘉措（1683～1706）。由于桑结嘉措的把持，六世达赖仓央嘉措虽然身居西藏政教首领的地位，却不能掌握政教大权。

桑结嘉措试图与蒙古汗王分庭抗礼，导致了格鲁派和代表世俗政权的固始汗的第三代拉藏汗间矛盾激化，直至兵戈相见。康熙四十二年（1703），在拉萨正月大祈愿法会上，桑结嘉措和拉藏汗双方部众发生冲突，拉藏汗被迫退出拉萨后又组织兵力反击，桑结嘉措兵败被杀。

拉藏汗向康熙帝奏称六世达赖仓央嘉措不守清规，请予废黜。康熙帝准奏，决定将仓央嘉措解送北京。1706年，仓央嘉措在押解途中，行至青海湖时失踪。拉藏汗扶植意希嘉措为六世达赖喇嘛，受到藏族内部及和硕特部汗王的反对。

为了再扶植一个黄教领袖，清康熙帝（1654～1722）于1713年册封班禅五世罗桑益西（1663～1737）为"班禅额尔德尼"，并赐金册金印，确认班禅在格鲁派中的地位。此后，历世班禅额尔德尼转世，必经中央政府册封，成为

清代的金瓶

西藏博物馆藏的1793年的金瓶。金瓶掣签制度主要用来认定藏传佛教最高等的大活佛转世灵童，是清王朝在乾隆五十七年（1792）正式设立的制度

定制。

康熙五十六年（1717），准噶尔部占领西藏，拉藏汗被杀，引起西藏僧俗的强烈不满，请求清廷出兵干预。康熙五十九年（1720），清朝政府派兵护送七世达赖喇嘛格桑嘉措（1708～1757）入藏，驱逐准噶尔军队，平定战乱，并加强对西藏的直接治理。

不久后，西藏各地贵族之间再次发生战乱，清朝廷决定强化黄教寺庙集团的作用。雍正年间（1723～1735），先后多次调整达赖与班禅的地位。雍正六年（1728），清政府袭固始汗旧例，重新划定班禅在后藏的辖区，使之同达赖一样，成为西藏政教领袖。到乾隆十六年（1751），正式诏令七世达赖格桑嘉措掌管西藏地方政权。格鲁派寺庙集团由此开始真正掌政，世俗政府归达赖喇嘛领导，终于形成了一个在清朝政府直接管辖下、由僧侣和贵族联合管理、组织完整严密的西藏政教合一体制。

由于受到帝王的优崇和扶持，格鲁派的发展十分迅速。清朝的"扶黄"政策，如对驻京喇嘛制度的确立，允许藏僧在京传密宗、修建佛寺等，为藏传佛教在内地的发展提供了政治保障。

由于清政府对黄教的重视，藏僧到内地朝觐者不断，清政府对藏地的赏赐也越来越多，还出钱资助西藏地方建寺。清顺治时期（1644～1661），藏僧用皇帝馈赠的财物兴建和维修了藏地的多座寺院，包括罗布林卡寺、热振寺、功德林寺和巴噶寺等。

小知识◎清朝的驻京喇嘛制度

　　清朝的驻京喇嘛制度萌芽于皇太极时期，顺治时期初步形成，在康熙、雍正时期得到进一步发展，到乾隆时期完善成熟。

　　康熙三十二年（1693），章嘉活佛被诏请入京，康熙帝将其封为"萨克达喇嘛"，这是当时京师最高的喇嘛职称，受命掌管京师喇嘛教事务。乾隆皇帝（1711～1799）对章嘉呼图克图十分尊崇，对驻京喇嘛的喇嘛职衔等都做出了明确的规定，还将雍正皇帝(1678～1735)的府邸改为喇嘛庙，使其成为皇家御用寺庙，进一步提高了喇嘛教的地位。乾隆皇帝还译刻了满文《大藏经》，创建了满族喇嘛寺院。

4. 两地频往来
——民国时期的汉藏交流

从清朝末年到民国时期,许多藏地高僧来内地弘法,藏传佛教在内地的影响日益扩大。与此同时,内地有许多僧侣和学者也纷纷前往藏地求法,由此形成了汉、藏两地之间频繁的交流。

藏传佛教高僧在内地的活动

近代以来,由于国难当头,天灾多发,中国社会处于极大的不安定之中。在这种情况下,佛教徒振兴改革、护教弘法的热忱宏愿反而更加高涨。在政局混乱、基本上失去当政者扶植的情况下,中国佛教界依靠自身的力量,开始走向复兴。

1912年民国政府成立后,基本上沿袭了清代的宗教政策——对宗教上层进行了笼络和利用。在这一时期,不少藏地的僧人来内地传法,包括格鲁派的九世班禅曲吉尼玛(1883~1937)和七世章嘉活佛(1890~1957)、宁玛派的诺那活佛(1865~1936)和贡嘎活佛

(1893～1957)，以及萨迦派的根桑活佛等，在内地的佛教界、政界掀起了一股崇尚藏密的热潮。

20世纪20年代，九世班禅来到内地，在江苏、浙江、上海、南京等地进行弘法、讲经、宣化，成为民国时期行走在汉藏之间的第一人。民国初年，内地佛教复兴，班禅大师初至内地就受到内地佛学研究团体和佛教组织的欢迎。他逐渐了解了内地佛教组织研究藏密的主要方法和途径并予以肯定，还向学僧介绍藏传佛教的研修方式、学密持戒的方法和意义。

九世班禅
九世班禅额尔德尼·曲吉尼玛（1883～1937），西藏喇嘛教格鲁派首领。于清光绪十八年（1892）在日喀则扎什伦布寺坐床

在内地军阀混战的局面下，班禅大师多次参加以拯救民众、息战消灾为主题的法会，在内地共发起9次时轮金刚法会。在法会上，班禅大师讲授佛法的善恶道理，结合佛教"来世说"、"轮回说"等，强调佛教的教化作用，以普利平等、亲授灌顶、广为结缘的心智，传授身、语、意三密修持的理论和实践，开启佛众对密法奥义的感悟和认知。

九世班禅在内地的传法活动推动了汉藏文化交流的历史进程，促进了藏密在内地的兴起及初传，掀起内地学习藏传佛教密宗的热潮。

为加强汉藏文化交流，1934年4月，班禅大师的弟子呈文国民政府教育部报批设立蒙藏学院，认为振兴文化实为治理西藏之首要。此后，教育部批准学校在上海成立，拟定学院组建大纲，对建设旨要、目的、工作要点、组织形式、交流方式等作了具体规定。

除了班禅大师外，七世章嘉在内地也开展了很多活动。20世纪30年代，七世章嘉活佛罗桑班第达丹毕蓉梅在抗日救亡运动的历史背景下，以"蒙旗宣化使"的身份，受命赴内蒙古地区进行"宣化"，以阻止德王等人发动的内蒙古"高度自治"运动。章嘉呼图克图的宣化活动对宣传国民政府的对蒙政策，强化蒙古族民众的国家认同，维护国家和中华民族的统一起到了积极的作用。

20 岁的七世章嘉活佛
清宣统二年（1910），20岁的七世章嘉活佛。七世章嘉活佛本名罗桑班第达丹毕蓉梅（1890～1957），生于青海，民国时期在内地活动频繁

在八年抗战期间，七世章嘉活佛站在佛教立场，号召蒙藏同胞，共商抗战大计，为抗战作出了很大贡献。抗战胜利后，为表彰章嘉活佛的功业，国民党政府于1947年加封其为"护国净觉辅教大师"之尊号，颁给金印金册。此后章嘉活佛曾历任国大代表、总统府资政等职。

民国时期内地入藏求法活动

民国初年，复兴的内地佛教界内部存在许多不同的声音，对于如何整顿和发展佛教，有各种不同的选择和文化走向。其中，太虚法师（1890～1947）认为修习密宗是纯化复兴佛教的重要内容，提出了针对巴利文、汉文和藏文三大语系佛法进行研究的主张，激发了一批学僧西向求法的兴趣。

当时留学日本修习东密归来的僧人为引介和研究藏密做出了较多

民国政府追封十三世达赖的玉册
1934年,民国政府追封十三世达赖为"护国弘化普慈圆觉大师",并颁发了玉册和玉印

努力,在教理、修行上对内地佛教产生了重要影响。其中的大勇法师(1893~1929),成立了藏文学院、组建"留藏学法团",深深地感觉到藏密较之于东密的完备,从中发现有许多可以借鉴的东西,尤其在文献、修持、义理等方面,藏密可以补充汉传佛教和东密的不足。

1925年4月,"留藏学法团"从北京出发,前往西藏,准备留学10年。后来由于经费出现困难,大勇宣布学法团解散,其中的一部分人先后结伴或独自进藏,就读于哲蚌寺。其中的法尊法师(1902~1980)两度来到拉萨。1932年,法尊法师第一次入藏,在哲蚌寺学习。1934年,他回到内地,受聘于重庆汉藏教理院,代理太虚主持管理院务。1935年,法尊法师再次进藏。1936年,在太虚大师和汉藏教理院的催促下,他又回到内地,并请回藏文《大藏经》及《宗喀巴文集》。

1935年,著名僧人密悟法师(1904~1966)入藏求法,就读于哲蚌寺孟那康村,曾参加法会辩经获得格西学位,声望很高。1940年,著名学者观空法师（1903～1989）借在印度朝圣的机会，前往拉萨，住哲蚌寺，从藏传佛教格鲁派教法集大成者康萨仁波切习法。

1937年，蒙藏委员会制定《汉藏互派僧侣游学办法》12条，计划每年补助汉藏僧各两名。之后，赴藏学法者逐年增多。国民党中央委员黎丹（1865～1938）在西宁还组织了赴藏考察团。除此之外，来到内地的藏地高僧还将一部分人带入藏地，如张注旺、熊先名、隆义、阿旺江城等人。前三人是由长期在内地弘扬藏密、于1933年返藏的多杰觉拔格西带进的，这三人住在哲蚌寺，在学业上颇有成就。

据不完全统计，民国初年游学西藏的汉僧至少有54人，分别来自东北、河北、山西、四川、福建等不同地方，其中有29人受到蒙藏委员会的资助。哲蚌寺规模宏大，学习环境宽松，高僧相对集中，因此入藏学法者多在这里求学。此外，也曾有少数汉僧到色拉寺求学。

这些入藏求法的汉僧回到内地后，开始翻译藏文经典，奠定了藏传佛教研究的基础。在翻译方面，以法尊和能海（1886～1967）两位法师的贡献为最大。

法尊对藏文佛教典籍的翻译始于1927年，试译宗喀巴的《缘起赞》，摘译《宗喀巴大师传》和《阿底峡尊者传》。1934年，第一次留藏回来后，法尊在重庆汉藏教理院配合教学翻译了《菩提道次第广论》、《比丘学处》、《菩萨戒品释》等，还编写了《藏文文法》、《藏文课本》等8册重要教材。能海法师的特长是边译边讲，他翻译了《律海心要摄颂》等，摘译了《菩提道次第广论》等。此外，大勇法师翻译了宗喀巴的《菩提道次第略论》。这些译著不仅帮助内地学者了解藏传佛教，而且成为不懂藏文者研究宗喀巴佛学思想的重要参考书，至今仍受到重视。

入藏求法活动后，内地佛寺、高等院校、科研单位开设了藏语文课，推动和加强了对藏传佛教的研究，增进了汉藏僧人的相互了解和汉藏民族文化交流。

入藏求法活动还推动了港台及海外对藏传佛教的研究。留藏求法僧中，有一些经印度去了港台和海外，留居内地求学的弟子中有些后来也去了海外，直接推动了海外的藏传佛教研究。

总的来说，20世纪初由于康藏蒙古活佛喇嘛相继来内地传法，汉人赴康藏学法求密者络绎不绝，藏传格鲁、宁玛、噶举等派教法，皆传行于内地。这一时期汉藏佛教的沟通和交流达到了有史以来的最高峰。

5. 斗转换星移
——近代至今藏传佛教的变化与发展

近代以来，由于历史和政治的原因，藏传佛教与过去相比发生了很大的变化，在许多方面都作出了适应时代发展的调整。而当代国内外对于藏传佛教的研究更加深入，藏传佛教的传播范围也更加广泛。

新时期藏地政教的变化

康熙、乾隆时期确立了七世达赖对西藏地方的领导权力，同时还沿用了世俗政权组织"噶厦"政府，这种政教合一的体制，到20世纪初受到了冲击。1888年和1903年，英国两次派兵入侵西藏。当时的十三世达赖喇嘛派出藏军阻击，抗击失败，受到清朝政府的夺号处置，西藏的社会和政治局面开始陷入变动之中。

1951年，解放军进入西藏，解散噶厦政府，西藏地方政权政教合一体制至此结束。西藏开始成为中华人民共和国实行民族区域自治的五个省级自治地区之一，是一个以藏族为主体的民族自治地区。在西

英军进入西藏
1904年8月,英国军队进入西藏拉萨。图为英国军队行经布达拉宫

藏自治区,除藏族外,还有汉、回、门巴、珞巴、纳西、怒、独龙等十几个民族同胞世代居住,并建立有门巴、珞巴、纳西等民族乡。

在新的时期,西藏的藏传佛教在保持原有传统和特点的基础上,也有了相应的变化。

国务院于1961年确定大昭寺、甘丹寺、萨迦寺、扎什伦布寺、昌珠寺等为全国首批重点文物保护单位。1962年,西藏自治区人民政府确定了热振寺等为自治区重点文物保护单位。

藏传佛教的活佛转世制度得到延续。1992年,国务院宗教局批准了第十七世噶玛巴活佛的继任。1995年,西藏自治区按照宗教仪轨和历史定制,经过金瓶掣签,报国务院批准,完成了第十世班禅转世灵童的寻访、认定以及第十一世班禅的册立和坐床。目前,经过国家和

二 藏地法音声飘远 | 49

解放军进藏
20世纪中期,中国人民解放军进入西藏地区。图为1951年,进驻西藏的人民解放军抵达黑河(今那曲县)

西藏自治区批准继任的活佛共30余人。

目前,西藏自治区共有1700多处藏传佛教活动场所,住寺僧尼约4.6万人。在藏地设有专门的汉、藏文学校,一改过去寺院就是学校的局面。

藏传佛教的传播与研究

11世纪中叶至15世纪初,藏传佛教的宁玛派、噶当派、萨迦派、噶举派中的噶玛噶举等相继传入尼泊尔。其中噶举派祖师玛尔巴（1012～1097）、噶当派的著名译师俄·罗丹喜饶等都曾到尼泊尔留学并弘传藏传佛教。藏传佛教还传入了不丹。12世纪中叶以后,许多西藏喇嘛到不丹定居,弘扬佛教,并在不丹的中、西部建立藏传佛教寺庙。藏传佛教宁玛派在不丹有不少信徒。

从17世纪起,欧洲的探险家和传教士历经艰辛,深入藏地寺院、庙堂访师学法,亲自实践密法,开始了对藏传佛教的研究工作。几百年来,涌现了许多国际知名的藏学专家,如匈牙利的乔玛、意大利的图齐、德国的霍夫曼等。欧、美、亚许多国家都相继成立了专门的藏传佛教研究机构。藏传佛教也因此在这些国家得到了一定的传播。

在国内,对于藏传佛教的研究除了学者的学术研究日益深入之外,工程浩大的宗教典籍的收集、整理和出版、研究工作也不断取得进展。布达拉宫、罗布林卡、萨迦寺等所藏经卷和佛教典籍得到很好的保护,《布达拉宫典籍目录》、《雪域文库》和《德吴宗教源流》等文献典籍得到及时抢救、整理和出版。

藏传佛教的国际影响
1927年3月10日,甘肃卓尼。美国约瑟夫·洛克携带购买的《甘珠尔》、《丹珠尔》大藏经离开禅定寺

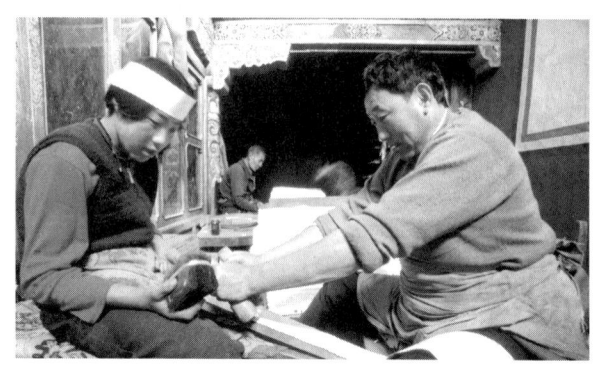

德格印经院内印藏经《丹珠尔》的工匠
四川德格印经院始建于1729年,素有"藏文化大百科全书"、"藏族地区璀璨的文化明珠"、"雪山下的宝库"等盛名

1990年以后,藏文《中华大藏经·丹珠尔》(对勘本)、《藏汉对照西藏大藏经总目录》等陆续整理出版。《甘珠尔》大藏经已经印制出版了1490部,藏传佛教的仪轨、传记、论著等经典的单行本也得到印行,并供给寺庙,满足僧尼和信教群众的学修需求。

1987年,中国藏语系高级佛学院成立,专门培养藏传佛教的高级人才,这是藏传佛教高级学衔的授予单位。中国佛教协会西藏分会在藏地开办了一所西藏佛学院和一个藏文印经院,还办有藏文会刊《西藏佛教》。

在20世纪的现代化和世俗化的冲击下,汉传佛教倡导"人间佛教"、"庄严国土,利乐有情",藏传佛教则倡导"民主管理寺院"、"爱国爱教,以寺养寺",以符合新时期佛教发展的客观要求。

三 百千亿劫化阎浮
——主要教派

后弘时期佛教在藏地的发展十分兴盛，形成了以四大教派为主的宗派佛教，分别是俗称红教的宁玛派、花教的萨迦派、白教的噶举派、黄教的格鲁派。还有格鲁派的前身噶当派。除了这几个教派之外，还有一些小的教派也产生了一定的影响。

1. 修法大圆满
——宁玛派

宁玛派约形成于11世纪,是藏传佛教中最早产生的一个教派。由于宁玛派僧人均戴红帽,因而俗称"红教"。

形成过程

"宁玛"在藏语里是"古旧"的意思,因为宁玛派的教法与前弘期一脉相承而得名。在禁佛时期,作为传承载体的寺庙和僧团均遭到破坏,前弘期保存下来的教法严禁公开,因此主要由一批在家的修行者维护法统,甚至采取父子相传的方式来延续法脉。

宁玛之"旧"是与其他派别之"新"相对应而言的。在后弘初期,有许多译师为了恢复佛教而前往印度、尼泊尔求法,带回并新译了大量典籍,由于师承不同,所传教法不同,从而产生了不同的派别,总体称为"新派",如噶当派、萨迦派、噶举派就属于此列。虽然宁玛派的出现也在这一时期,但由于宁玛派在内容和形式上与新派所传有

甘肃甘南玛曲宁玛寺的煨桑仪式
位于甘肃甘南玛曲的宁玛寺,是一座宁玛派寺庙。煨桑是用松柏等植物的枝叶焚起霭霭烟雾,祷告于天地诸神的仪式

明显区别,且组织较为分散,没有固定的寺院及严格的僧伽制度,直到11世纪"三素尔"出现,才形成了一定的宗派规模。

"素尔"是一个家族的名称。"三素尔"是指"大素尔"释迦迥乃(1002~1062)、"小素尔"喜饶扎巴(1014~1074)和卓浦巴(1074~1134)。"大素尔"是宁玛派的开创者,他得到了许多8、9世纪时传下来的密续经典,他将这些密续加以整理,组织成体系,并建立邬巴隆寺,招聚门徒公开传播,为宁玛派开辟了一个统一的宗教活动中心,构成了素氏的传承系统。

"小素尔"喜饶扎巴是释迦迥乃的养子,曾在嘉卧地方修行多年。喜饶扎巴的儿子卓浦巴建立了卓浦寺。宁玛派从"三素尔"时期开始建立寺庙,到16、17世纪才有较具规模的寺院,开展较大规模的活动。后来在第五世达赖喇嘛的支持下,宁玛派得到较大发展。

小知识◎伏藏

"伏藏"的藏文音译是"爹玛",有"宝贵"和"值得保全"的意思,从字面上看,是指一件很珍贵的东西被埋藏,最终再被发掘出来。

伏藏分为书藏、圣物藏和识藏。书藏即指经书,圣物藏指法器、高僧大德的遗物等。最为神奇的是识藏,据说当某种经典或咒文在遇到灾难无法流传下去时,就由神灵授藏在某人的意识深处,当有了再传条件时,在某种神秘的启示下,被授藏经文的人(有些是不识字的农牧民)就能将其诵出或记录成文。这一现象也被称为伏藏之谜。

在藏传佛教里掘藏者被称为"得登巴",相传都是莲华生和他的弟子的化身,能圆满地重整并解读伏藏经文。关于伏藏产生的原因有种种说法:其一是佛教徒为了躲避灭法而藏匿经典;其二是佛教徒出于居安思危的想法,为了教法的长久兴盛而制作伏藏,以备将来不时之需;其三是莲华生大士到西藏传法时,发觉当时藏人的根器不足以接受密法,或者有些法传播的因缘尚未成熟,所以在离开西藏前将很多经典、密法和佛像埋藏起来,以待机缘成熟时由有缘者发掘得到。

传承体系

从时期来判断,前弘密法有三个分期,其代表人物分别为初期的莲华生、中期的白若咱那、后期的鲁·桑结耶协。活动于9世纪墀祖德赞时代的鲁·桑结耶协,对宁玛派从前弘期过渡到后弘期起到了重要作用。因此,宁玛派的传承最早可追溯到8、9世纪的墀松德赞到墀祖德赞之间,先后迎请了莲华生、寂护、无垢友等大师来藏,传出了宁玛派九乘次第中的最后三乘,即"摩诃"、"阿鲁"、"阿底"三大瑜伽,并由白若咱那等人将这些典籍译成藏文,总括为《经》、《幻》、《心》三大部。

宁玛派的传承可以分为两大传承系统:直接传授经典的,称为经典传承;有发掘埋藏的经典进而传播的,则称为伏藏传承。

在经典传承系统中,鲁·桑结耶协传法给儿子库隆巴,再由库隆巴五传到了释迦迥乃,由释迦迥乃对传承下来的经典进行分类注释,并配以实修法门、念诵仪轨等,使宁玛派教法构成了一个比较完整的体系。

在伏藏传承中,即通过发掘前世所遗留的秘密埋藏的经典而传播。14世纪后,就很少有经典传承的情况记载,而伏藏法门则日益流行起来。伏藏传承曾流行于印度,藏传佛教各宗派皆有,但以宁玛派最为重视。

宁玛派活佛

1934年,青海果洛白衣寺的触知活佛。白衣寺属宁玛派寺院

西藏林芝巴松措湖内的措松庙
西藏林芝巴松措湖内有2000多平方米的湖心岛，上有藏传佛教宁玛派的古庙"措松庙"，每年都有许多信徒专程前来转湖朝圣

11世纪时，扎巴恩谢坚（生卒年不详）将所掘出的伏藏收集在一起，修建了以扎塘为首的108处道场加以收藏。宁玛派最主要的密典发掘于12～13世纪时，由最有名的掘藏大师尼玛沃色和古汝却季旺秋掘出。15世纪时，热特林巴将两位大师等掘出的伏藏汇集到一起，称为南藏。16世纪，仁增郭季定楚坚也掘出不少伏藏，并与前代所掘的伏藏汇集在一起，称为北藏。后期的掘藏大师大都各建寺庙，并以寺庙为单位，弘传自己所掘出的教法，形成了各自的传承系统。

除了主要的经典传承和伏藏传承外，宁玛派还有一种传承方式，叫作"甚深净境"传承，传说是修行者在定中、梦中感受到佛菩萨或师长降临为之说法，以此得到佛法的传承。

基本教义

宁玛派最根本的教义是"大圆满"，主张一切事物皆是本自清净的，皆为圆满佛性的化现，而这种对现象神圣性的觉知可以透过了悟自心清净而获得。

宁玛派最重要的理论是九乘教法，即将整个佛法的显密教法分判为九个次第，将其自身的教义精华全部包括在九乘里，分别是显教三乘、外密三乘和内密三乘。显教三乘也叫波罗蜜多乘，为化身佛释迦牟尼所说的显教教义；外密三乘据说为报身佛金刚萨埵所说；内密三乘为法身佛普贤王如来所说，此佛是藏传佛教中喻指最高成就的本初佛。前述大圆满法即属第九乘。九乘次第的设计是由于众生根器、意乐、时机各有不同，而佛是因时制宜、随类施教的，故教导了这些有差别、有次序的法门。但其根本不外乎使众生离苦得乐、得证菩提解脱的佛教基本精神。

宁玛派的密典主要分为两部分：经典依据称为续部，实修教授称为修部。其中续部包含摩诃、阿鲁、阿底三大瑜伽，总括为《经》、《幻》、《心》三部，号称有十八大续经。

2. 弘传佛语言
——噶当派

藏传佛教噶当派创建于1056年,是后弘期较早出现的一个教派。在藏语中,"噶"意为"佛语","当"意为"教授"。"噶当",即是用佛语来教导人们接受佛教的道理。

奠基大师

噶当派的奠基者是从印度入藏弘法的著名佛教大师阿底峡,也是朗达玛灭佛后复兴佛教的第一位重要人物。阿底峡出生于现在的孟加拉国,是当地国王的次子,俗名月藏。他自幼智慧出众、言行清净,对于佛法的信仰和修持都有很大的兴趣。21岁时已经对佛教的因明教理全部通达,经常在与其他宗教信徒的辩论中得到胜利。29岁师从戒护论师出家,受具足戒后,戒护论师为其取名"吉祥燃灯智","阿底峡"是人们对他的尊称。

阿底峡不仅精通佛学,还通晓印度的其他学派,如正理派、数论派、胜论派、瑜伽派的根本经典。当时印度最著名的四大寺是那烂陀寺、飞行寺、金刚座寺和毗讫罗摩尸罗寺,阿底峡曾住金刚座寺,后因护法王迎请,在毗讫罗摩尸罗寺驻锡。以其卓越的才学和声望,阿底峡成为该寺的首要人物。

与此同时,藏传佛教在经历了灭佛的打击后,虽然出现了复兴的趋势,但是内部异说竞起,戒律散乱。当时的阿里之王拉喇嘛意希沃认为,必须从天竺迎请堪为准绳的大师来藏加以整顿。他听说了阿底峡的声望,先是派遣智者前往迎请,

18世纪的噶当派十六精要图

藏于西藏博物馆。噶当派原为印度的佛教高僧阿底峡尊者(982～1054)所创立,后并入格鲁派

但是阿底峡并没有答应。后来意希沃为请阿底峡而亲自收集黄金,在南方边境不幸被一个信奉异教的国王所俘获并被害。遵照意希沃的遗嘱,阿里地区再次派人迎请阿底峡,详述藏地法难后的佛法衰败和意希沃以身殉法等情形,时年59岁的阿底峡遂答应前往弘法。

1041年,阿底峡到达西藏阿里。在阿里期间,他写下了伟大的密教经典《菩提道灯论》,这部书直到现在还为藏族佛教徒所尊奉。阿底峡尊者的著作和译著都很多,在藏文大藏经《丹珠尔》中有一函名为"阿底峡小品集",专门收集阿底峡的自著和阿底峡学说所依据的小品著作。

阿底峡尊者入藏三年后,一位通晓梵文的居士、后来成为其大弟子的仲敦巴赶来谒见他,盛赞拉萨、桑耶等地的道场殊胜,劝说阿底

峡去那里弘法。于是阿底峡往赴前藏,一路上讲经传法,经过拉多绛、宁措、桑耶等地,最后到达拉萨。阿底峡一面讲经弘法,一面与藏地译师合作,翻译了许多经论,最后驻锡在聂塘。阿底峡在西藏教授显密经论长达17年,对西藏佛教的复兴作出了巨大贡献。

建立噶当

阿底峡的重要学说是把经、论、律三藏内容融摄在三士道的次第中,这是藏传佛教的特色之一,也是他入藏带来的佛教新风,成为后来创立的噶当派的教义特征。在他的名著《菩提道灯论》中,指示了修行次第和显密一致的精神,辟斥违背佛法的异说,将广大的佛教徒导入正轨。阿底峡在世时提倡遵循《真实摄经》修密法,唯有少数上上根器的弟子才传给无上密法,并不推崇广传密宗。这样既与当时专尚无上瑜伽的风气有所不同,又与旧派密法中混入了一些苯教的东西有所区别,因此噶当派享有教法"纯净"的声誉。阿底峡还针对当时许多修密法的人轻视因果、皈依三宝之心不切等流弊,特别宣说要重

11世纪白徂体《菩提道灯论》
西藏博物馆藏的阿底峡尊者所作《菩提道灯论》,这是阿底峡尊者的重要著作

视因果和皈依,所以他又有"业果喇嘛"、"皈依喇嘛"的称号。

噶当派的真正创立者是仲敦巴,他从1045年初迎请阿底峡直至阿底峡圆寂,一直追随其左右,在诸多弟子中又因年岁最长、所学最多而具有大师兄的地位。1056年,仲敦巴应象雄地区的邀请到热振传教,并建立了噶当派的第一座寺庙热振寺,以及供奉阿底峡法体的银塔,使热振寺名重一时。直到去世之前,仲敦巴一直以讲经授徒为业,弘传阿底峡的经教,逐渐形成了噶当派。

位于拉萨以南,聂塘以东的噶当派的桑浦寺,以提倡因明、辩论而著名,在藏传佛教的历史上也有一定的地位。桑浦寺于1073年由阿底峡的弟子俄·雷必喜饶建立,最初叫作内邬托寺,后来改名桑浦寺。俄·雷必喜饶由于翻译和修订过多种有关因明的书籍,所以得到译师的称号,通常被称为大俄译师。他的侄子俄·罗丹喜饶即通称的小俄译师,继任桑浦寺的堪布。

在小俄译师的门徒中,以卓隆巴比较著名,他根据阿底峡的《菩提道灯论》写成《道次第广论》和《教次第广论》,后来格鲁派创始人宗喀巴大师在这两本书的基础上写成了《菩提道次第广论》。桑浦寺之所以成为研习佛法的重地,主要是由于大小俄译师所传的"因明学",这是西藏各教派僧人辩论的基本逻辑方法。

小知识◎噶当派第一座寺院——热振寺

热振寺位于拉萨市林周县北部,1056年由噶当派创始人仲敦巴建立,至今已有近千年的历史,比著名的拉萨三大寺早350年以上。15世纪初格鲁派创立后,热振寺改宗格鲁派,属色拉寺的结巴扎仓。

热振寺建筑恢宏,气象雄伟,安卧在几十万株古柏的怀抱里,其中许多古柏高20余米,最高的甚至达30米。五世热振活佛曾派人到内地各大城市募捐修葺热振寺,使其规模更加宏大,最终成为名扬雪域的藏北名寺。与多数名寺的金碧辉煌截然不同的是,热振寺的土石结构的围墙显得朴实无华,大殿中供奉着阿底峡从印度带来的佛像,后殿是阿底峡、仲敦巴、大小俄译师的塑像,一般寺院里显赫的宗喀巴像在这儿处于一隅,也比上述三尊小得多;主殿西侧偏殿供奉着阿底峡和一至五世热振活佛的塑像,以及六世热振活佛的灵塔和塑像。热振寺周围号称有108泉和108塔,现在仍可以看到许多佛塔散布在古柏间。

后续传承

在仲敦巴的弟子中最著名的有三人:博多哇(1031～1105)、京俄哇(1038～1103)和普穷哇(1031～1106)。博多哇和京俄哇两人分别收徒传教,从此发展成为噶当派的两个支派,即教典派和教授派。

教典派以重视学习佛教经典而得名,这一派传述阿底峡的思想,说一切经论都是成佛的方便,所以一切教典都是这一派的依据。教授派以重视师长的指教、注重实修而得名,针对当时西藏佛教重密轻显的倾向,提倡以显为主,显密兼修,具有转移风气的作用。

此外还有教诫一派,据说也是源自阿底峡的传授,再由仲敦巴传授给三大弟子,其中唯普穷哇得到全部,其要诀是"恒住五念":"念

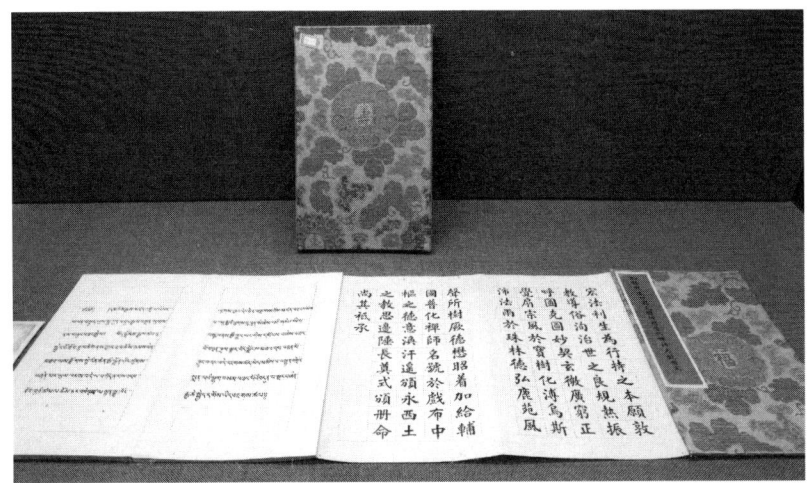

1935年民国政府册封五世热振活佛的册文

热振呼图克图图旦绛白益西丹巴坚赞（1912～1947），为热振寺第五世活佛，在西藏近代史上为政教事业作出过巨大贡献

师长为皈依，念自身为本尊，念语言为诵咒，念众生为父母，念心性为本空。"

从11世纪到12世纪期间，噶当派得到了一些地方势力的支持，获得了很大的发展，以僧徒众多，寺院广布而著称。一直到13世纪中叶蒙古人来到藏地的时候，还是以噶当派的寺院为最多。尽管噶当派中的一些寺庙系统也与地方割据势力有着密切的联系，但是噶当派并未寻求掌管地方大权，对后来萨迦派僧人掌政的情况也表示反对。

值得一提的是，13世纪晚期一位名叫泗丹惹迟的噶当教典派僧人，将噶当派在纳塘寺搜集保存的藏译佛经编订为《甘珠尔》和《丹珠尔》，这就是在西藏佛教史上具有重要地位的藏文《大藏经》的最早编纂本。

总而言之，噶当派由于教理系统化、修持规范化而对藏传佛教的其他各派都有重大影响，噶举派、萨迦派的一些重要僧人都曾向噶当派学习。桑浦寺等噶当派寺院一直到15世纪都是讲授因明等五部大论的重要据点，为藏传佛教的学术发展起过重要作用。藏传佛教中一切大论的讲说也都源于噶当派，其影响力遍及整个藏区。

15世纪初，针对各教派歧见纷存、教规废弛的状况，宗喀巴大师对噶当派的教义教理加以改革和完善，形成格鲁派的思想体系，取得了藏传佛教的主导地位，由于格鲁派是直接在噶当派的基础上建立起来的，因此有"新噶当派"之称。原来属于噶当派的寺院都逐步成为格鲁派的寺院，从而噶当派也就不再单独地存在了。

3. 元代称帝师
——萨迦派

藏传佛教萨迦派创始于1073年，因该派主寺萨迦寺所在地呈灰白色，故得名萨迦（藏语意为"白土"）。由于该教派寺院围墙涂有象征文殊、观音和金刚手菩萨的红、白、黑三色花条，所以又称花教。

教派创立

萨迦派是最早的新译密咒派，由创始人昆·贡却杰布（1034～1102）建立萨迦寺并开始传教。根据萨迦派史籍记载，贡却杰布是吐蕃时期贵族昆氏家族的后裔，此家族曾出过墀松德赞时期的"七觉士"之一——昆·鲁意旺布松，这是昆氏家族中的第一位出家僧人，也是藏传佛教史上的第一批僧侣之一。

贡却杰布的父兄都信奉宁玛派。其兄长若喜饶茨诚学识渊博、持戒严谨、精通密法，是当时昆氏家族中的教主。贡却杰布自幼随兄长学习家族的宁玛派教法传承。然而等他长大后，却对逐步流行起来的

萨迦寺
坐落于西藏萨迦县奔波山上的萨迦寺，是藏传佛教萨迦派的中心寺。1961年被国务院列为全国重点文物保护单位

新密法很感兴趣。同时，若喜饶茨诚也劝告贡却杰布去亲近当时在后藏最为著名的大翻译家卓弥·释迦益西（1034～1102）学习新密续，为昆氏家族建立新的教法系统。贡却杰布后来实现了兄长的这一意愿，创立了新的宗派，即萨迦派。

卓弥·释迦益西，是后弘期翻译新密续的大翻译家之一，为藏传佛教新译密咒派的建立作出过巨大贡献，故在藏传佛教史书中一般称其为卓弥译师。不少高僧大德，诸如噶举派的祖师玛尔巴大师、为宁玛派的形成起过关键性作用的高僧索布切等，都曾在卓弥译师的门下学习过。

卓弥译师在萨迦派的历史上具有很高的地位，因为萨迦派最核心的"道果"教法即源自于他。贡却杰布全面继承了卓弥译师倡导的以母续《胜乐金刚》为主的教法，以及密宗三续的经论部分，因而成为卓弥译师众弟子中最优秀的教法继承者。

1073年，贡却杰布在仲曲河谷边的波布日山脚的一块灰白色的土地上，兴建了著名的萨迦寺。自此之后，他便以萨迦寺为中心，开始向以昆氏家族为主的信徒传授密法，并逐步建立以道果法为主要传承的新教法系统，从而形成了藏传佛教萨迦派。

萨迦五祖

萨迦派历史上最初最著名的有五位祖师，其中在家着白衣的教主有三位，出家着红衣的教主有两位。

萨迦初祖贡噶宁布（1092～1158）是贡却杰布唯一的儿子，自幼便随父学法，广拜印、藏名师，遍学显、密二宗的教法仪轨。当时的印度大成就者毕哇巴为了弘传佛法，亲自来到萨迦向贡噶宁布传授"道果法"。最后贡噶宁布学业有成，成为一位神通广大的密宗大师，在20岁时接任萨迦寺住持，行使教主权力达47年之久，为萨迦派的教法体系趋于完善、宗派势力的壮大作出了重要贡献。因此后人将贡噶宁布尊称为"萨钦"，即萨迦派的第一大师。贡噶宁布是主持萨迦教法的第一人，但他没有出家，所以被认为是白衣初祖。

贡噶宁布的次子索南孜摩（1142～1182）继任教主之位，为萨迦二祖，也是一位白衣祖师。索南孜摩幼年起跟随父亲学习教法，后赴桑浦寺拜噶当派高僧恰巴·却吉僧格（1099～1169）为师，学习慈氏五论和因明等教法，16岁时即通达一切续部要门，并为众多弟子讲授，门庭颇为兴盛。但索南孜摩继任不久，便将法位让给弟弟札巴坚赞（1147～1216），自己集中精力专研佛法。

三祖札巴坚赞是贡噶宁布的第三个儿子，五祖中的白衣第三祖。

他跟随父亲学法至12岁,受居士戒后不食酒肉,以严守戒律知名。札巴坚赞13岁就担任萨迦寺主,主持建造了萨迦旧寺大殿屋顶的佛殿。他用金汁书写大藏经《甘珠尔》部,将广大信徒供养的全部财物用于建造佛像、佛殿和佛塔,或分发给贫困农牧民。当他主持萨迦寺长达57年之久去世时,只留下一个坐垫和一套袈裟,别无他物。

初祖贡噶宁布的第四个儿子贝钦沃布(1150~1203)生有二子,长子贡噶坚赞(1180~1251)就是萨迦四祖,也是"萨迦五祖"中的红衣第一祖。贡噶坚赞从小跟随叔叔札巴坚赞学习佛法,通晓五明,因而获得著名的"萨迦班智达"(大学者)称号(简称"萨班"),成为第一位享誉整个藏族地区的大学者。

萨班给后人留下了丰富的佛学和文化论著,他的《三律仪论》判定了当时佛教界存在的各种观点的是非曲直,而《萨迦格言》是一部脍炙人口的格言集,反映了社会伦理和为人处世的道理,深受藏族人民的欢迎。

萨班对促成西藏正式归入中国版图也起到过重要的作用。由于其崇高的声望,萨班受到蒙古政府的重视,并于1246年应阔端(1206~1251)之请到达凉州,同阔端商定西藏归顺蒙古的条件,以此奠定了蒙古对西藏进行行政管理的基础。萨班还在凉州给西藏的各个地方势力首领写信,劝说他们归顺蒙古,最终圆满完成西藏和平归顺蒙古的重任。

萨迦政权白兰王印
14世纪,元帝国颁给西藏萨迦政权白兰王印,印上文字为八思巴字"白兰王印"。元朝曾先后封萨迦昆氏家族中的四人为白兰王

萨班的侄子洛哲坚赞是萨迦五

祖中的红衣第二祖,也就是著名的八思巴帝师。八思巴从小聪慧好学,8岁时就能讲经,再加上伯父萨班的良好教育,八思巴尽学萨迦派一切显密教法,在政治上也是显赫的人物,10岁就跟随萨班赴凉州与蒙古汗王谈判。

八思巴17岁时,被临终的萨班任命为继承人,成为萨迦派第五祖。八思巴19岁时,曾为元帝忽必烈(1215~1294)传授《喜金刚》灌顶。1260年,八思巴被忽必烈封为国师。1264年,八思巴以国师身份统领掌管全国佛教和藏族地区事务的总制院(1288年改称"宣政院")。1268年,八思巴划分卫藏13万户,建立了萨迦派政教合一的地方政权。八思巴还奉命创制了"八思巴文"作为蒙古的新文字,在蒙古全境流通使用,为蒙古社会的文化进步发挥了重大作用。

1277年,八思巴在后藏的曲弥仁摩地方举行了僧俗二众多达7万人的盛大法会,史称"曲弥法会"。1280年,八思巴逝世,忽必烈赐

清代的八思巴铜鎏金像
八思巴(1235~1280),藏族政治家、佛学大师,为萨迦派第五祖,元代首任帝师

封其为"皇天之下一人之上开教宣文辅治大圣至德普觉真智佑国如意大宝法王西天佛子大元帝师",后由其弟仁钦坚赞嗣帝师位,以后历代相传,形成元代帝师世系。1320年,由元仁宗(1285～1320)下诏建造八思巴帝师殿,以表永远的纪念。

小知识◎萨迦派祖寺——萨迦寺

作为一座具有浓郁宗教文化氛围的寺院,萨迦寺在萨迦派乃至整个藏传佛教系统中都有着崇高的地位。萨迦寺最初建在仲曲河两岸,故历史上曾有南寺和北寺,现在只存南寺。1073年贡却杰布初建的是萨迦北寺,萨迦南寺由本钦释迦桑布于1268年建造,主殿外围筑有高大的围墙,厚2米多、高5米左右,围墙四隅有角楼,全寺总面积达14700平方米。

萨迦寺内藏有丰富的宗教文物和古籍。其佛殿后的藏经库可称作是智慧的储存库,所藏1万余种佛经、佛典,是八思巴时期集中卫、藏、康三地区的缮写家用金汁、银汁、朱砂、宝石和墨汁精心抄写的,堪称珍宝。萨迦寺还有一部"方经",长、宽各1米,上下均用夹板保护着,全部用金汁写成,更被视为宝中之宝。整个萨迦寺共藏佛教经典4万多卷,其中还包括大量稀有的贝叶经,萨迦寺因此还有"第二敦煌"之称。

教义传承

萨迦派在元朝时发展成为具有强大政治势力的教派,在元政府的支持下以宣政院的名义统治全藏,开西藏政教合一之先河。14世纪中期,萨迦派在政治上失势,其地位被帕竹噶举所取代,但其教法得以维持并有所发展。

萨迦派教法的特点,是融合噶当派从显入密的教授,即以显教为基础,再以密法为究竟法门,根据众生的根器而说法。萨迦派极其重视修道的次第:在佛学哲理上,先以小乘的出离、大乘的唯识中观之见为主,然后导入该派的最高见地——"轮回涅槃无别见";在修法上,先修显教的修心和止观法门,然后入密法的生圆二次第;在行持上,也是由对戒律的重视程度从小到大修持。萨迦派最重要的法门是"道果",即"依于何道,证何种果",其基本教义大都包括在实修经法门《道果教授》(又名《甚深亲口语教宝》)中。

萨迦派对佛学研究十分重视,其派内最重视的18部经典,除了萨班的《量理宝藏》之外,都是出自印度高僧的经论。萨迦派后期最为著名的人物有仁达哇·宣奴洛珠,他是格鲁派创始人宗喀巴大师的主要上师。此人学识丰富,宗喀巴及其弟子贾曹杰(1364~1432)、克珠杰(1385~1438),都曾师从他学习。曾在印度极负盛名的中观应成学说,经过宣奴洛珠的宣讲而得以重新发展,后被格鲁派奉为根本见地。

特别值得一提的是,萨迦派于18世纪在四川德格的萨迦派寺庙更庆寺内创建了德格印经院。这是藏区最著名的印经院之一,专门刊刻佛教经书、各教派的重要著述、历法和医学等千余种典籍,对于保护、弘扬藏传佛教文化起到了重要作用。

4. 传承大手印
——噶举派

藏传佛教噶举派形成于后弘期,属新译密咒派。"噶"意为"佛语","举"意为"传承",故"噶举"可理解为口耳相传的教授传承。

早期噶举祖师

噶举派后世支系众多,其早期的创立者有两人:一是玛尔巴(1012～1097),一是穷布朗觉巴(990～1140)。他们两人曾多次到尼泊尔和印度跟很多名师学习密法。

追溯噶举传承,印度的帝洛巴(988～1069)尊者是第一位祖师,被称为"噶举之父",传说他在禅观中得到金刚总持佛的授记。帝洛巴的继承者是印度大学者那若巴(1016～1100),那若巴将著名的"那若六法"及"大手印"传给了玛尔巴,而后者成为了噶举派在西藏的第一位祖师。因此,早期噶举传承的一支称为"玛尔巴噶举",再经过米拉日巴(1040～1123)的继承,最后至冈波巴(1079～1153)

时才正式成为影响广大的宗派。玛尔巴和米拉日巴都是藏传佛教史上极具传奇性的大师。

玛尔巴15岁时即赴印度跟从耶协宁布学习，后来参拜那若巴，得到《喜金刚》等教授，并依照那若巴的指示，学习了多种密法。他一生三赴印度、四赴尼泊尔，获得了《四大语旨》的全部传授后，回藏弘传佛法，并娶妻生子，日常从事种田、经商等世俗活动。他的门徒中最著名者为米拉日巴，其得到了以"拙火"为主的密法教导。

明代西藏铜镀金玛尔巴像
玛尔巴是藏传佛教噶举派的创始人，藏传佛教史上著名的译经大师

米拉日巴是一位以避世专修著称的瑜伽士。他生于阿里贡塘，父亲早死，和母亲相依为命，叔父和姑姑侵夺了他的家产。米拉日巴长大后为了报仇，学习咒术杀死了冤家多人，后来深悔犯罪，最终依止玛尔巴学法。玛尔巴起初用种种方式折磨他、磨炼他、消除他的恶业，最后才将密法传授给他。米拉日巴注重实修，且专修苦行，最终获得佛法的大成就。

玛尔巴师徒二人均未广修寺庙、招聚僧团，故传法事业并无多大发展，到第三代时才一时法缘兴盛。米拉日巴的

米拉日巴铜像
米拉日巴是藏传佛教噶举派第二代祖师，著名高僧，密宗修行大师

三 百千亿劫化阎浮 | 75

弟子中特别杰出的有惹琼巴和冈波巴，是这两位大师开创了噶举派完整的体制，并由冈波巴创立了"达波噶举"，此后噶举派才成为影响广泛的教派。冈波巴是达波人氏，是一位著名的医生，所以也被称为"达波拉杰"，意即"来自达波的医生"。帝洛巴、那若巴、玛尔巴、米拉日巴和冈波巴在噶举传承中被尊为"五祖"。

另一支早期的噶举传承是在西藏中部的"香"地区发起的，因地被命名为"香巴噶举"，其创始人穹布朗觉巴10岁开始学习藏文和梵文，13岁时学习苯教，后修习宁玛派的大圆满法。据说他曾七次赴印度求法，学习"拙火"、大手印等流行的密宗法门。

学成返回西藏后，穹布朗觉巴在噶当派高僧朗日唐巴（1054～1123）处正式出家受比丘戒，之后在前藏彭域地区建寺立庙，又到后藏的香地区聚徒授法。由于香巴噶举的教法是从印度直接求得的，因而具有相对的独立性。但由于其教法内容与玛尔巴噶举极为相近，故藏传佛教史上将其列入庞杂的噶举传承范畴。据记载，宗喀巴大师、一世班禅克珠杰等人都曾学习过香巴噶举的教法。然而在15世纪至16世纪时，香巴噶举就逐渐销声匿迹了。

噶举分派

冈波巴是达波噶举的创始人，正式继承了噶举教法。从某种程度上讲，达波噶举的创立标志着噶举派这一宗派的正式形成。冈波巴26岁时出家受戒，跟随来自玛域地区的堪布罗丹等高僧学习"胜乐金刚"及律藏，后师从彭域地区的嘉宇瓦等大师系统学习噶当派教法，在佛学理论方面有着极高的造诣。

在学习噶当派教法的同时，冈波巴深感实修的重要性，并在父母的资助下建造了一座简易的小禅房，开始闭关修行。冈波巴32岁时听到米拉日巴的盛誉，于是前往拜谒米拉日巴，师徒二人法缘极深，一见如故，米拉日巴遂将自己掌握的全部教法和秘诀都传授给冈波巴。仅用了13个月，冈波巴就将米拉日巴传授的所有深奥密法融会贯通。之后，冈波巴遵循米拉日巴的教诲，返回前藏静修。

1121年，冈波巴在达拉冈波创建了冈波寺，并以此为据点培养弟子、传授教法，从而创立了达波噶举。冈波巴结合噶当派的道次第思想和米拉日巴的大手印，撰写成《解脱庄严宝论》，作为达波噶举派僧人的必修课。因此，融合噶当派和噶举派教法，可以称得上是达波噶举的一大特色。

冈波巴对于噶举传承的重要贡献，还在于他培养出来四位著名弟子——都松钦巴（1110～1193）、帕木竹巴（1110～1170）、达玛旺久（约12世纪中叶人）、蔡巴·尊珠札（1123～1194）。这四名大弟子分别建立了噶举派的四大支系——噶玛噶举、帕竹噶举、拔绒噶举和蔡巴噶举。其中的帕竹噶举又分出八支小派，包括直贡噶举、达隆噶举、竹巴噶举、雅桑噶举、措普噶举、休色噶举、耶巴噶举和玛仓噶举。噶举派产生的这些分支，史称"四大八小"，从此噶举派进入蓬勃发展的黄金时期。

发展到后来，噶玛噶举成为噶举传承中势力最强、影响最大的一支，同时也是藏传佛教中第一个采取活佛转世制度的宗派，其中又以噶玛噶举的黑帽系和红帽系最为著名。

噶玛噶举派的创始人名叫都松钦巴，其父是一位密宗瑜伽士。都松钦巴11岁起跟随父亲学习祈祷和简单的修持，16岁受沙弥戒，19岁赴前藏求法，系统学习了《慈氏五论》、《中观》、《因明》等佛学哲理，其后又学习《道次第》等噶当教法，受比丘戒，学习戒律经典。

都松钦巴 30 岁时拜见冈波巴，随他修习 3 年，掌握了噶举派的密法要旨，在闭关实修方面获得了极大成就。此后都松钦巴便以弘扬达波噶举为己任。学成返乡后，于 1157 年在多康的噶玛地方创建了噶玛拉顶寺，噶玛噶举由此建立。都松钦巴晚年又回到前藏，1189 年在拉萨附近的堆龙地方创建了楚布寺。这样，噶玛拉顶寺和楚布寺就成为了噶玛噶举的两座祖寺，而楚布寺后来得到不断扩建，成为噶玛噶举的住寺。

1193 年，都松钦巴在楚布寺圆寂，临终时叮嘱大家说，他要在人间再次转世，让后人寻访认定转世灵童。这是都松钦巴的伟大创举，开创了藏传佛教乃至佛教史上的"活佛转世"之先河。此后，历代楚布寺的寺主，均被看作是都松钦巴的转世再来者，从而形成了噶玛噶举的直系传承系统，即噶玛巴活佛系统。

冷古寺
位于四川理塘县章纳乡。冷古寺始建于 1164 年，为噶举派发祥地

由于第五世噶玛巴德新谢巴（1384～1415)曾受明朝永乐皇帝赐封"万行具足十方最胜圆觉妙智慧善普应佑国演教如来大宝法王西天大善自在佛"，简称"大宝法王"，此封号遂成为此系统的专用封号，永乐皇帝还赠予五世噶玛巴一顶黑宝冠，因此这一系也被称为"黑帽系"。现在噶玛巴已转世到第十七世。

继黑帽系活佛系统之后，噶玛噶举派产生了另外一大活佛系统，即红帽系活佛系统。红帽系活佛系统以第一世活佛札巴僧格（1283～1349)受元朝王室赐给的一顶金边红僧帽而得名。从14世纪至18世纪，红帽系共产生了10位活佛。红帽系转世至第十世时，因涉嫌廓尔喀人入侵后藏事件被清朝政府勒令禁止转世，从此红帽系活佛世系断绝。

小知识◎活佛转世制度开始之地——楚布寺

楚布寺位于拉萨市堆龙德庆县境内楚布河上游北岸的那日山和加日吐切琼博山之间的峡谷中。其创立者都松钦巴修建该寺时，在一次禅观中了悟到楚布寺是胜乐金刚坛城，任何人到此地便能得到胜乐金刚的加持。

楚布寺的主要建筑群是以五层的降白央大殿为中心，四面环绕四大佛殿、经堂、僧舍、静室等。在降白央大殿内，30米高的释迦牟尼佛铜像内装有舍利子，还保存有米拉日巴使用过的碗、杖，以及用金银汁书写的《甘珠尔》150函等稀世珍宝。

楚布寺的镇寺之宝为"空住佛"，传说是第八世噶玛巴密觉多杰（1507～1554)为其上师塑造的银像，银像塑成之后竟自动悬浮于空中达7天之久。此外，楚布寺内还有历代噶玛巴的灵塔，噶玛巴朝佛的影像室，金鱼朝圣的石纹自然图案等文物古迹。寺院后面的土吉青布神山上，还有第一世噶玛巴都松钦巴修道的岩洞。

每年藏历6月10日至12日，寺内都会举行展佛、荟供法会，各种戏曲、歌舞等娱乐活动，以及斗牛、赛马、抱石头等体育竞赛。

主要教义

噶举派的教义特点是从实际出发。噶举派承认众生有佛性，但是要修证成佛，必须从粗身心逐步转变为最微细的身心。根据身心的粗细，噶举派的修证方法亦有不同的等级。

噶举派的特色教法可以包括在大手印法之中，并且极其重视师徒之间口耳相传的教授方法。大手印法经过冈波巴的整理又分为显教大手印、密教大手印和光明大手印三种。

显教大手印基本同于佛教显宗修止观的方式，要求修行者先通达教理，修习禅定，最后在定境中以智慧作观而得开悟解脱。密教大手印则注重修身，通过对人体呼吸、气脉、明点（能量点）的修炼，达到对"乐空不二"境界的觉受，从而了悟最高的智慧境界。而最高级的光明大手印则似于禅宗的"直指人心，见性成佛"，为根器最好的弟子方堪传授。

从教法传承上看，噶举派尽管派系庞杂，但其宣扬的教义大体一致，其经典依据和密法修持均源于印度，合称为《四大语旨》，均是以锻炼身心的《那若六法》和开发智慧的《大手印》为正修根本。

后世影响

随着噶举派的蓬勃发展,特别是由于各个分支的不断产生,致使噶举派的寺院以及僧侣遍及整个藏区。

在藏传佛教的历史上噶举派的影响是巨大的。从政治上看,噶举派四大支派之一的帕竹噶举,曾于14世纪以武力兼并了卫藏的大部分地区,取代了萨迦派在西藏的政治地位,建立政教合一的地方政权达265年之久。

桑堆蚌普寺
位于四川甘孜州稻城县。桑堆蚌普寺是稻城最古老的寺庙,距今有900年的历史,是藏传佛教噶举派的寺院

从教派传承上看,噶玛噶举派首创的活佛转世制度,后来为藏传佛教的其他教派所采用并沿袭至今,成为藏传佛教有别于汉传佛教和南传佛教最具特色的一个方面。

然而到了明末清初,由于格鲁派的日益壮大,对噶举派寺院采取了兼并改宗的强硬措施,致使噶举派寺院锐减。目前藏族地区的噶举派寺院,从数量上看排在格鲁派和宁玛派之后而居第3位,噶举派寺庙和信徒在青海的玉树地区和西藏的昌都地区是最多的。

5. 中兴严戒律
——格鲁派

格鲁派创建于1409年，是藏传佛教形成最晚的一个教派。"格鲁"一词在汉语中意为"善规"，指该派倡导僧人应严守戒律。又因为该派僧人戴表现戒律的黄色僧帽，故俗称黄教。

宗喀巴大师

格鲁派的创始人宗喀巴大师出生于青海省湟中县塔尔寺附近，本名罗桑扎巴。宗喀巴幼年在噶当派寺庙甲琼寺出家，学习噶当派教义及龙树诸论、慈氏诸论、俱舍、律经、量论等，尤其是对噶当派的《道次第导引》有系统性的了解。其后他还依止萨迦派、噶举派、觉囊派的诸多大师学习了密乘下三部瑜伽和无上密部的《密集》、《胜乐》、《大威德》、《时轮》等密法。宗喀巴将显、密教法熔为一炉，构成了一套完整的教法体系，为后来建立格鲁派打下了坚实的学修基础。

在宗喀巴所处的时代，萨迦、帕竹噶举先后在西藏掌权，并得到

表现18世纪的宗喀巴生平的刺绣唐卡

藏于西藏博物馆。宗喀巴(1357~1419),藏传佛教格鲁派创始人,西藏佛教史上著名的宗教改革家和佛学大师

元、明两朝的正式册封。然而，一些上层僧人追逐权势利禄、耽于酒色、横行不法，各宗派间因争夺权力而引起的战乱亦屡见不鲜，以至于寺庙戒律松弛，僧人放荡自恣，佛教思想极为紊乱，邪说百出。

目睹此情，宗喀巴遂立下改革之志。为了振兴佛教，力挽颓风，他要求僧人严格持戒、不事农作、独身不娶，并加强僧院制度管理。在修持方面，他则主张显密并重、先显后密，强调教理和因明的学习都有助于实修解脱的理念，并写下《菩提道次第论》、《密宗道次第论》，与阿底峡的《菩提道灯论》一脉相承，为创立格鲁派奠定了理论基础。

1409年藏历正月，宗喀巴在帕竹地方政权阐化王扎巴坚赞（1374～1432）等地方势力的支持下，在拉萨发起大祈愿法会，参加的各宗派僧人有1万余人。法会之后，宗喀巴又在帕竹地方贵族的资助下，在拉萨东北50余公里的旺古尔山建立甘丹寺，独树一派，即格鲁派。由于甘丹寺是格鲁派最早的主寺，因此格鲁派有时也被称甘丹派。

教规教理

宗喀巴从甘丹寺下手，逐步把改革的思想付诸实施。他树立讲听之风，规定僧人必须研学经典，制定学习规程；他还制定了寺庙组织体制和僧人的生活准则，规定寺中僧人必须严守戒律。

具体来说，格鲁派有系统的学习制度，规定僧人先显后密，循序渐进，所学经论都有详细的考核制度：学经僧人须先学五部大论，即《释量论》、《现观庄严论》、《入中论》、《戒律论》和《俱舍论》。学完五部大论后可参加格西学位考试。只有考取了甘丹、哲蚌、色拉三大寺系统的第一等格西，才有资格进入举堆扎仓或举麦扎仓（上、下密院）研习密宗四部。进入密宗的学习，也是要先学习摆供设坛等，然后才学灌顶实修。

同时，格鲁派也有一套完整的寺院管理制度与之配合。如学院按扎仓、康村、米村等组织制度来组合，各大小学院中均设堪布作为主持，格贵负责维持戒律秩序，翁则负责领班念诵，格更则实行实际教学；母子寺院之间从属关系严格，僧职人员各司其职，不得越权；寺院管理按照委员议事的形式，任何个人都不得垄断寺政，等等。这些严密的管理制度有助于保持寺院组织的相对独立性，从而避免了世俗封建统治者对寺院的操纵。

宗喀巴生平专以讲经、辩论、著述三种方式来宣传他的宗教和哲学观点，并推动改革逐步发展。他的优秀弟子甚多，在宗喀巴师徒的共同努力下，当时藏地佛教的面貌焕然一新。

宗喀巴弟子中最著名的有贾曹杰和克珠杰。贾曹杰继承宗喀巴法位，为第二任甘丹赤巴。"甘丹赤巴"意为甘丹寺座主，实为格鲁派的教主，由推选出的精通显密教理并经严格考试之人担任，以保持优良的宗风稳定不变。克珠杰为第三任甘丹赤巴，到后期格鲁派建立班禅转世系统时，他被追认为第一世班禅。宗喀巴和贾曹杰、克珠杰被藏族佛教徒尊为"师徒三尊"。

此外，宗喀巴大师的著名的弟子还有哲蚌寺的建立者绛央却杰（1379～1449），色拉寺的建立者释迦也失，扎什伦布寺的建立者格敦珠巴（1391～1474），以及密宗寺院举麦扎仓的建立者喜饶僧格（1382～1445）等。他们都是协助宗喀巴创建格鲁派的代表人物。

总而言之，由于宗喀巴制定了新的教规和严密的管理制度，并在噶当派教法的基础上，增加了对中观应成见和密乘方便的重视而树立起新的教风。因此格鲁派很快就后来居上，成为藏传佛教的重要派别之一。到16世纪中期,格鲁派的寺院势力已遍及藏族分布的各个地区。

格鲁派的活佛转世系统

作为后期藏传佛教的主角,格鲁派取得了西藏社会发展史上独一无二的重要地位。格鲁派不仅在佛法研习方面影响广大,它所取得的政治地位也超过了此前与地方势力相结合的萨迦派和帕竹噶举派,政教合一的势力范围几达藏区全境。

自16世纪中叶起,格鲁派开始实行活佛转世制度。格鲁派有四大活佛转世系统,分别是达赖喇嘛(前藏)、班禅额尔德尼(后藏)、章嘉呼图克图(内蒙古)、哲布尊丹巴呼图克图(外蒙古),活佛转世系统的稳定发展和政府的支持对于保证格鲁派的地位起到了重要作用。

扎什伦布寺
位于西藏日喀则的尼色日山下。扎什伦布寺是格鲁派六大寺院之一,由宗喀巴的弟子格敦珠巴(1391～1474)兴建

三 百千亿劫化阎浮 | 87

达赖喇嘛是藏传佛教格鲁派的最高领袖人物和最大活佛的称号之一，被视为观世音菩萨的化身。"达赖"，为蒙古语音译，意为"大海"；"喇嘛"，为藏语音译，意为"上师"。"达赖喇嘛"意为"超凡入圣学问渊博犹如大海一样的大师"。明嘉靖二十五年（1546），哲蚌寺的索南嘉措正式称活佛。后来哲蚌寺又认定根敦嘉措（1475~1542）为宗喀巴的大弟子格敦珠巴之转世，追认格敦珠巴为一世达赖，根敦嘉措为二世达赖，索南嘉措就是三世达赖。达赖转世系统到今日是第十四世达赖。

班禅额尔德尼被视为无量光佛的化身。"班"为梵文"班智达"（学者）的简称，"禅"藏语意为"大"。"班禅"原为"大学者"之意，是后藏（今日喀则地区）一带对佛学知识渊博的高僧的尊称。"额尔德尼"为满语，意为"宝贝"。清顺治二年（1645），蒙古固始汗（1582~1655）赠给格鲁派扎什伦布寺寺主罗桑确吉坚赞（1567~1662）以"班禅博克多"的尊称。罗桑确吉坚赞圆寂后，他的弟子达赖五世为他寻找转世"灵童"，从此黄教建立了班禅活佛系统。又因后代认为罗桑确吉坚赞为宗喀巴的第二大弟子克珠杰的转世，因此追认克珠杰为班禅一世，到了罗桑确吉坚赞，即为班禅四世。班禅转世系统到今日是第十一世班禅。

内蒙古的章嘉呼图克图也是格鲁派著名的活佛之一，为清代政府掌管内蒙古地区喇嘛教格鲁派的最大转世活佛。由于第一世章嘉活佛阿噶旺罗布桑却拉丹出生于宗喀一户张姓之家，原称张家，后改"章嘉"；"呼图克图"蒙语意为"圣者"。阿噶旺罗布桑却拉丹，先被康熙封为札萨克达喇嘛，掌管理藩院印务处。康熙四十四年（1705），又被康熙封为"灌顶普善广慈章嘉呼图克图大国师"，自此，章嘉呼图克图累世相继，总领内蒙古及青海蒙旗的藏传佛教事务。

外蒙古（今蒙古人民共和国）的哲布尊丹巴原属藏传佛教的一个小支派——觉囊派，清初改宗格鲁派，是格鲁派在外蒙古的著名活佛。17世纪初，外蒙古的喀尔喀部汗王派人赴藏迎请高僧到外蒙古传教，觉囊派僧人多罗那他（1575～1634）到库伦（乌兰巴托）传法近20年，被尊称为哲布尊丹巴，1634年去世。第二年，喀尔喀部土谢图汗衮布多尔济的儿子扎那巴扎尔（1635～1723）被认定为多罗那他转世，即哲布尊丹巴一世。扎那巴扎尔后在进藏学习过程中改信格鲁派，五世达赖给以"哲布尊丹巴呼图克图"的尊号，住乌尔根庙，被奉为法王，地位仅次于达赖和班禅。此后"哲布尊丹巴呼图克图"这一尊号成为喀尔喀喇嘛教中最神圣的称谓，由此形成格鲁派在外蒙古的活佛转世系统。

除了以上四大活佛转世系统之外，在格鲁派的拉卜楞寺还有嘉木样活佛的转世系统。这一系统在甘南地区乃至藏地具有很大的影响。到了清代，格鲁派的这些转世系统都由清朝政府扶持确认，格鲁派由此成为西藏的执政宗派。

清代铜镀金三世章嘉呼图克图像
2009年10月21日展于首都博物馆。三世章嘉若贝多吉（1717～1786）驻京62年。一生中受到雍、乾两朝皇帝的特殊恩宠，是乾隆皇帝的灌顶国师

6. 诸派皆妙法
——其他派别

藏传佛教派别众多，除了以上五大宗派之外，还有希解派和觉囊派。

希解派

希解派为12世纪时印度僧帕·当巴桑结（？～1117）所传，由其门下喇嘛畏赛等继承并发展成为若干支派。"希解"意为"能寂"，它的教义主要是修苦行配合般若空性和密法来熄灭流转生死之烦恼根源。

希解派创始人帕·当巴桑结，生于南印度，先后在超岩寺、金刚座等处学习显密教法。他先后五次来到藏地，在前后藏传法，弟子不计其数。他重视苦行修持，弟子们都在荒山野岭、坟墓葬场等人迹罕至的地方长期苦修，不立寺庙，没有僧伽组织，远离社会闹市生活，更不参与政治活动。

印度庙群

印度卡纳塔克邦,帕塔达卡尔的印度庙群。建于7世纪至8世纪,其中的一部分寺庙的建筑风格采用南印度流派,而另一部分寺庙则采用北印度流派,是世界文化遗产

希解派教法的传承有前、中、后三代,相当于帕·当巴桑结在三个时期传授的三种不同教法,时间集中在12到13世纪。希解派的后续支派中,以觉域派最为著名。

觉域派由藏族著名的女密宗大师玛久拉仲(1049～1144)所创立,是藏传佛教史上唯一一个由女性创立的宗派。该宗派以自己独特的教法义理和别具风格的修持方法,成为藏传佛教中独树一帜的宗派,不仅对藏传佛教诸宗派产生过深刻影响,而且曾几度风靡整个藏区,在藏族社会生活中产生过巨大影响。

玛久拉仲广收门徒,传授自己独辟蹊径体悟到的佛教学说和别具特色的密宗修炼方法。觉域派的教法,是以般若波罗蜜多为宗义,结合大手印觉法修持的一种法门,以菩提心或慈悲心来断灭自利心,以般若性空来断除我执人世间一切苦恼的根源。故觉域派的教法,又称般若波罗蜜多之觉域法或大手印觉法。由于玛久拉仲的特殊影响力,其教法播及整个藏区乃至印度、尼泊尔等国,产生巨大影响。觉域派在当时是唯一从藏地传入印度、尼泊尔的藏传佛教宗派。

三 百千亿劫化阎浮

玛久拉仲还著书立说，撰写了《心要品》等许多觉域派重要的论典法本，使其教理更加完善和体系化。玛久拉仲一生中培养了无数弟子，其中包括大批尼僧。玛久拉仲被后人奉为智慧空行母的化身加以崇拜，迄今在藏区的一些寺庙中，仍可看到为这位杰出女性供奉的塑像、唐卡等。

由于觉域派不依赖地方势力，不注重建寺造庙，也没有严密的组织与制度，特别是缺乏雄厚的经济基础，以至于该派的寿命极其短暂。到16世纪末，觉域派作为一个独立的宗派已不复存在。然而此派的教义、仪轨仍被藏传佛教的其他宗派所吸收，不仅融入各宗派的教理之中，并弘传于其他宗派的信徒中，如在势力最强的格鲁派中，就形成"耳传觉域派传承"，还形成了贡日卡卓玛女活佛传承体系。

18世纪空行母像堆绣唐卡
藏于西藏博物馆。空行母，梵音译为"荼吉尼"，意为在空中行走之人。空行母是一种女性神祇，她有大力，可于空中飞行，故名。在藏传佛教的密宗中，空行母是代表智慧与慈悲的女神

小知识◎雪域一代女大成就者——玛久拉仲

玛久拉仲出生在西藏山南的措美地方，自小就表现出对

佛教经典过人的诵读能力和领悟力,在当地引起较大反响。玛久拉仲13岁时开始广寻名师,学习密法。

23岁时,在大成就者顿巴希热本座前,玛久拉仲与印度班智达陀巴扎亚相遇结为夫妻,生儿育女,次子托宁桑珠是玛久拉仲教法的主要继承者和弘扬者。34岁后,玛久拉仲离开家庭,再次剃度出家,并拜谒其尊师索南喇嘛求法。之后,她来到定日再度拜见希解派创始人帕·当巴桑结,受授灌顶和多种深湛秘诀与修持法。并依帕·当巴桑结授记,游历108座雪山,苦行修持,获得大成就,成为藏地著名的女密宗大师。

觉囊派

"觉囊"是地名,在西藏日喀则境内。13世纪时,八思巴的弟子、萨迦派僧人衮邦·吐吉尊追(1243～1313)建立觉囊寺。在听了衮钦·却古沃色讲授《时轮讲解》和《六支瑜伽》,得到却古沃色以他空见解释时轮的教授后,经过实修,吐吉尊追证悟了他空中观乐空双运之理。他以他空见来讲解《时轮六支瑜伽》,于是形成了一个独立的派系。因其驻锡地为觉囊,所以称为觉囊派。

他空见最早的创造人为12世纪时的裕莫·木居多吉,后传至吐吉尊追。吐吉尊追受到拉堆绎地区酋长的支持,修建觉囊寺,弘传他空教授。觉囊派的名声开始传扬开来。

觉囊派的第三代继承人笃补巴(1292～1361),年轻时在萨迦大寺讲显教四大论,引起了萨迦派不满。后来他游学卫藏各大寺院,参加辩场,于是声名大噪。后来往觉囊寺,学《时轮金刚》及其他教授秘诀。35 岁时继任觉囊寺座主，担任寺主 30 年间，觉囊派的名气更加彰显。

觉囊派之后的法座继承人绛央·衮却桑布与格鲁派的克珠杰同时代，此时格鲁派与觉囊派在教义上的分歧已渐突出。此派后来的座主中有著名的多罗那他（1575～1635），是曾经中兴觉囊派的衮噶卓却（1507～1569）的转世，也是此派中最有学识的人。他著作丰富，广泛宣讲他空见。依靠地方政权的势力，他在日喀则彭措林县修建了达丹当却林寺，此寺极为庄严，造像、修塔极其精美，堪称全藏之冠。

后来，多罗那他去外蒙古传法，格鲁派政权首领五世达赖将达丹当却林寺改为格鲁派寺庙，更名为格丹彭措林寺，没收寺庙财产属民，经籍印版大多被封禁。从此在卫藏地区，觉囊一派几乎绝迹，现在只有一些边远地区的寺庙，如四川阿坝自治州的色更寺，嘉绒地区马尔康县的赛贡巴寺、卓格寺，青海果洛自治州的贾贡巴寺、格果寺等寺庙，继续传持觉囊派教法，或杂以其他派法。

四 蓬莱何须觅海上
——藏传艺术

几乎可以这样说,西藏艺术就是佛教艺术,佛教文化对于西藏艺术的影响十分深远而广泛,从建筑、雕塑、绘画到音乐、舞蹈等,西藏艺术无不充满着宗教色彩。藏传佛教文化如同高原上最瑰丽的云霞,不仅映照着藏地,还投射到所有藏传佛教传播到的地方。

1. 庄严佛净土
——建筑艺术

西藏历史上第一批佛教寺庙建筑，是松赞干布时期由吐蕃王室兴建的。佛教在藏地发展到后来，才出现了佛教徒集资兴建的寺院。大小昭寺就是藏地最早的佛教寺院，那时，拉萨出现了西藏历史上第一座石窟寺庙——扎拉路普石窟寺。763年，西藏历史上第一座供剃度僧人出家、学习和修行的寺院——桑耶寺在山南建成，西藏的佛寺建筑艺术也得到了进一步发展。

在藏传佛教寺院中，无论是风格样式、建筑形制，还是建筑装饰，处处都体现着藏传佛教文化，与汉传佛教、南传佛教相比，具有鲜明的本地化地点。

风格样式

西藏建筑中尤以藏传佛教的建筑成就最高。因藏传佛教又称喇嘛教，庙宇则称喇嘛庙，佛塔称喇嘛塔。藏传佛教寺庙可分藏式、藏汉

羊卓雍湖畔的喇嘛庙
位于西藏浪卡子县白地村羊卓雍湖畔。羊卓雍湖，藏语意为"天鹅池"，是西藏三大圣湖之一

混合式和汉式三种。

早期寺院建筑的样式是在藏族建筑的基础样式上加入一些宗教元素，如在房屋的柱头、柱身上装饰各种富有浓厚宗教色彩的覆莲、仰莲、卷草、云纹、火焰及宝轮等花饰雕镂或彩画。在藏族居住区，现在仍然可以看到很多小型的喇嘛庙，以方形四合式碉楼建筑为特征，与藏族普通民居类似，具有明显的藏地建筑的特色。

随着藏传佛教向藏族地区以外的蒙古族、汉族等地区传播，藏族寺院建筑逐渐吸收了汉、蒙、土家等民族建筑的特色，使原有的建筑形式得到了丰富和创新。

在蒙古地区的喇嘛庙，就呈现出多种风格，有的寺院从总体布局到单体建筑都采用藏族建筑形式，也有的寺院则采用内地传统的佛寺建筑样式，但以藏式为主的藏汉混合式最多。

河北承德外八庙普宁寺
藏传佛教寺庙普宁寺建于1766年，寺院呈长方形，建筑结构分前后两部分：前部分由山门、天王殿、钟鼓楼、宗印殿组成，为汉族寺庙的传统形式；后部分为藏式风格，主要有坛城

而内地的北京、承德和五台山地区的喇嘛庙，大都是汉式或以汉式为主的藏汉混合式。比如承德最早的溥仁寺，采用了汉族佛寺形制；普宁寺则创造出藏汉结合的新形式：它的前半部采用汉族佛寺轴线对称的院落形式，后半部建筑主体部分从布置、体量、造型都仿藏式建筑，并从体量、色彩、装饰等方面突出主体，在细节上也刻意模仿藏式建筑的处理手法。

寺院建筑形制

藏传佛教寺院建筑，按照不同的形制，大致可分为以大殿为中心的寺院、石窟寺和塔寺三种类型。

10世纪末到11世纪初以来，西藏修建的绝大多数寺院，基本上采用了以大殿为中心的建筑模式。萨迦南北二寺、夏鲁寺、白居寺、扎什伦布寺，山南的敏珠林寺，拉萨的甘丹寺、色拉寺、哲蚌寺三大寺等著名寺院，都采用了这一模式。在这些寺院建筑中，主殿通常为措钦大殿（即集会大殿或大经堂）或乌策大殿。与早期的方形主殿相比，后期进行了大规模的扩建，尤其是从13世纪开始，流行外移转经道，增建经堂、后室、侧室、门庭的做法，从而将措钦大殿发展成为长方形。

　　这一形制的寺院建筑，通常在措钦大殿增加明亮的天窗和天井，从而使佛殿出现光影明暗的过渡层次，增加佛殿的神秘效果。在建筑外部的装饰上，大面积以赭色和白色等单色装饰色彩交替运用，增加

色拉寺措钦大殿
色拉寺采用了以大殿为中心的建筑模式。采用这种建筑模式的寺庙，主殿通常是措钦大殿，即集会大殿或者大经堂

了建筑的庄重和肃穆感。从 13 世纪开始，在屋顶和外部装饰中还大量吸收祖国内地建筑的斗拱等木构件和歇山顶建筑样式，金顶上装饰双鹿、法轮、宝幢等构件。

扎仓、寺院管理机构、僧舍、佛塔和围墙等建筑以措钦大殿为中心向外扩展。由于大多数寺院都依山而建，因此各个建筑错落有致，从上到下具有明显的层次感，形成了一个协调、统一、气势雄伟的庞大建筑群。随着藏传佛教各个教派的日益壮大、僧人人数的增加，主殿从早期以供奉诸佛菩萨为主要目的的大殿，逐步演变为僧人学习、集会和供奉诸佛菩萨的场所。

石窟寺也是西藏寺院建筑中独特的建筑模式之一。西藏现仅有两个地区存在石窟寺。位于拉萨布达拉宫西南药王山东麓的扎拉路普石窟寺是最早的石窟寺院，现存扎拉路普石窟的木构建筑已毁，只有石窟尚存。

扎拉路普石窟略呈长方形，窟门东向，窟内中后部建有一个四方形的中心柱，中心柱四面各开有一个佛龛和外围环绕一周的狭窄转经道。窟的外壁，在东、西、南、北四面均开有佛龛，雕有松赞干布像和诸佛菩萨等造像等。整个石窟的形制为四周环绕转经道的中心柱石窟，中心柱每面开龛的做法与内地河西一代流行石窟的样式极为相似，是非常典型的塔庙窟。

此外，阿里地区是西藏现存石窟最多的地区，其中札达县的东嘎石窟和皮央石窟比较具有代表性。同扎拉路普石窟一样，东嘎石窟和皮央石窑的木构建筑均已毁。这种石窟的窟顶，采用覆斗式样式。石窟以中心佛龛来替代中心柱，其上供奉主尊，正面和两侧的石壁开龛立泥塑佛像。这种石窟内雕塑较少，多绘有壁画，壁画内容多为各种坛城。

塔寺建筑是西藏寺院建筑艺术中另外一种特殊的形式。在这种建筑样式中，佛塔不再是佛殿建筑的附属建筑单元，而是整个寺院建筑的中心。塔寺建筑主要流行于14到15世纪的后藏地区，著名的有日喀则地区的觉囊大塔、江塔、日吾且塔和江孜白居寺的吉祥多门塔，其中白居寺吉祥多门塔保存最为完整，也最有代表性。

白居寺吉祥多门塔外形由方形和圆形组成，方形建筑为四面八角，造型奇特，从塔基到塔顶采取依次递收的建筑技术，呈现下大上小的视觉效果。此塔构思巧妙，融艺术性与实用性于一体，堪称中国建筑艺术中不可多得的珍品。

吉祥多门塔高13层，平面为坛城，建筑从下到上依次由13层石

俯瞰白居寺
白居寺位于西藏江孜县境内。始建于1427年，是藏传佛教的萨迦派、噶当派、格鲁派三大教派共存的一座寺庙

阶、塔基、覆钵、塔瓶和十三天等建筑单元组成。覆钵建筑和塔瓶建筑四周围绕中木开有佛殿。覆钵建筑共有5层，东西南北四周各开有5座佛殿，共20座佛殿。其中，第一、三层的中心大殿开间巨大，殿顶一直延伸至第二、四层，因此第二、四层实际只有16座佛殿。

在吉祥多门塔塔瓶的东西南北四周，各建有一座大殿，无侧殿。全塔开殿门108个，实辟佛殿76间，殿内的雕塑和壁画交相辉映，使得整个佛殿金碧辉煌。在每层建筑外建有石墙泥面栏杆和墙檐。

小知识◎西藏第一座剃度僧人出家的寺院——桑耶寺

位于西藏山南地区的扎囊县桑耶镇境内，始建于8世纪吐蕃王朝时期的桑耶寺，是以主殿为中心的寺院建筑的典型代表。寺院的中心主殿乌策大殿由中心佛殿、经堂、转经道、内转经道、侧殿和殿外转经道、回廊、外墙等部分所构成，供奉以大日如来佛为首的诸佛菩萨，外观融藏式、中原汉式和印度式三种建筑风格于一体，内部绘制壁画，供奉佛国世界的神灵。

在乌策大殿的周围，取佛国世界四大洲八小洲布局模式，于东西南北四方建有四组建筑和绿、黑、红、白四座佛塔。寺院周围环以围墙，象征佛教世界中的铁围山。整座建筑平面布局象征着佛教世界构造的坛城。今天的桑耶寺建筑，经过多次修复扩建，仍保持着初建时的基本风格。

建筑设施

藏族的寺院具有许多独特的功能,这些功能决定了藏传寺院的空间结构和建筑设施。一般规模较大的喇嘛寺院所设置的建筑设施有:经堂、佛殿、活佛拉章、喇嘛塔、经楼、回廊、禅房、僧舍、厨房、转经轮廊、辩经坛、贮藏室等。

藏传佛教的寺院是修习经论的地方。比如哲蚌寺内有教学、教仪、教务、杂务四大部分,下设3所显宗学院、1所密宗学院。这些供僧侣读经奉佛的经学院,藏语称"扎仓",多半处于寺院的建筑中心。扎仓建筑由经堂、佛殿和前院组成,并附设供应喇嘛饮食茶水的大灶房和辩论经典的辩经场。寺院中最大的经堂称为"都康",意为大会堂。

扎什伦布寺的扎仓
藏传佛教寺庙内一般设有供僧侣读经奉佛的经学院,藏语称"扎仓",多半处于寺院的建筑中心。扎仓建筑主要由经堂、佛殿、辩经场等组成

藏传佛教的寺院在当地更是教育场所。比如拉卜楞寺就设有类似图书馆的藏经楼，供僧俗大众阅读。许多寺庙还设有印经院或者专门的作坊，用于印刷、出版、佛像佛器制造等。布达拉宫山下的城堡里就建有两座印经院和一座佛像佛器制造作坊。

许多藏传佛教寺院还参加地方政权，统治本寺的辖地。因此，有的寺院设置活佛拉章，作为办公署。寺庙中的"拉章"建筑十分重要，一般设在大殿的后面，内设各庄园的管理机关。即便是地位较低的"拉章"，也有管辖自己封地属民的职能。

转经轮廊是设置有许多可以旋转的经筒的廊殿。经筒内装有经文，外面写有或镌有六字真言，以供那些不识经文的信徒旋转以代诵念经文之用。

小知识◎ 藏传佛教的"吉祥八宝"

吉祥八宝即八吉祥，又称八瑞吉祥、八宝吉祥，藏语称"扎西达杰"，包括宝瓶、宝伞、双鱼、莲花、法螺、吉祥结、宝盖与法轮。其图案不仅在佛教寺庙中很普遍，在各种藏族生活用品、服装饰品中也很常见。

吉祥八宝大多数以壁画的形式出现，是藏族绘画里最常见而又被赋予深刻内涵的一种组合式绘画精品。也有雕刻和塑造的立体形。八种吉祥物的寓意与佛陀或佛法息息相关，象征吉祥、幸福、圆满。

相传释迦牟尼诞生时，天上降下种种供品，此八宝即为天人所供。又有说此八宝代表释迦牟尼成佛时身上的八个部位,并各有喻意:宝瓶,代表佛颈,因佛法皆从佛口中流出,故宝瓶又为教法、教理的表征。宝伞代表佛顶,表示佛陀荫护众生之意。双鱼代表佛目,佛眼慈视众生,故又为智慧的表征。莲花代表佛的舌头,象征出世超凡,无所污染。法螺代表佛的颈纹,象征佛法广大,妙音吉祥。吉祥结代表佛的心,又称为无尽结,象征回环贯彻,一切通明。宝盖代表佛无上正等正觉,象征遍覆三千,净一切业。法轮代表佛的手掌,象征佛法永续,万世不息。

装饰艺术

藏传佛教建筑具有明显的藏地色彩,主要体现在装饰艺术上。藏传佛教建筑的装饰艺术体现出题材的多样性、图案的象征性和色彩的丰富性。

藏传佛教建筑的装饰题材主要包括如下几类。

佛教符号类题材,如莲花、狮子、大象、宝珠、金刚杵、"吉祥八宝"以及藏文的密教"六字真言"等。

佛教人物类题材,如天王、力士、天女等。佛寺里的千佛阁、万佛楼等建筑中,通常都有布满墙壁的各种小佛像,以此来烘托佛堂气氛。

建筑类题材,如通过佛帐、佛龛,还有天宫楼阁等建筑的各种表达方式,来展现和营造天界景象。

各种不同的图案或者符号,具有一定的象征意义,比如代表纯洁的"莲花"寓意佛的说法,"金刚杵"则具有降魔护法之意。莲花图案在藏传佛教建筑中使用得最多,在佛教活动场所中的佛座、藻井、佛幡等地方随处可见。另外在室内装饰中,最典型的图案是"曼荼罗"。

"曼荼罗"意为坛城，以轮围具足或"聚集"为本意，是一切圣贤、一切功德的聚集之处，一般是以圆形或正方形为主，围绕中心点形成非常对称的图案。

在藏传佛教寺院中，建筑装饰的不同色彩也具有一定的深意。如白色是吉祥的象征，白色的建筑使人感觉清静，蕴含着和平美好，一般用于建筑的外墙；红色是权力的象征，并且与尊严、英雄人物及肃穆的宗教相联系，所以建筑上不能随便使用红色，只有佛殿、灵塔殿、护法殿等重要殿堂的外墙能用。

藏地建筑习惯在大片的黄色、红色墙面上装点黑色窗套，金色琉璃，金红、青绿色彩绘等，构成色谱般的多样色彩组合，呈现出粗犷而又瑰丽的色彩美。在壁画中多面神面部皆饰红、白、蓝三色，护法神饰蓝色，魔鬼及异教徒皆绘黑红色。有的护法神殿内是黑底的壁画，

清乾隆年间的粉彩莲台八宝
粉彩莲台八宝，高 25.2 厘米、口径 13.5 厘米、足径 14.3 厘米。一套八件，每件由两部分组成，底座呈覆盘式，置圆框分别镂雕八宝，均施粉彩

营造出阴森、恐怖的气氛。

著名寺院

藏传佛教在一千多年的发展历程中,传播到许多地区,在这些地区,都有藏传佛教的寺院。其中著名的寺院有很多,比如大、小昭寺,格鲁派六大寺院,各个宗派的主寺等。

藏传佛教格鲁派拥有六大著名寺院,即拉萨的甘丹寺、哲蚌寺、色拉寺,日喀则的扎什伦布寺,青海的塔尔寺,甘肃的拉卜楞寺。其中以拉萨的甘丹、哲蚌、色拉三大寺最具盛名。

甘丹寺是格鲁派的祖寺,由宗喀巴大师创建于1409年,位于拉萨市东北约30多公里处的卓日沃切山腰,建筑雄伟,气势恢宏,宛如一座山城。首任甘丹寺寺主的是宗喀巴大师,至1954年已传到第96任寺主。甘丹寺的僧侣人数在历史上定额为3300名,排在哲蚌寺、色拉寺之后,但是甘丹寺作为格鲁派祖寺,在藏传佛教界地位很高。

哲蚌寺始建于1416年,坐落在拉萨市西郊的格培乌孜山南坡的山坳里。哲蚌寺主要由噶丹颇章、大经堂,以及罗赛林扎仓、德阳扎仓、郭芒扎仓、阿巴扎仓四大学院组成,它在历史上是藏族地区规模最大、僧侣最多、级别最高的一大僧院,寺内僧众曾达1万余人。

色拉寺兴建于1419年,建成于1434年,坐落在拉萨市北郊的色拉乌孜山脚下。色拉寺主体建筑是大经堂,周围有杰巴扎仓、麦巴扎仓、阿巴扎仓等学院,其建筑群体宏伟壮观,寺内藏有许多经卷、唐卡、佛像等珍贵文物。在其全盛期,寺内僧众达8000余人,仅次于哲蚌寺。

扎什伦布寺由宗喀巴大师的弟子格敦珠巴于1447年兴建,后由四世班禅罗桑确吉坚赞扩建,位于日喀则市西郊。扎什伦布寺是四世之后

哲蚌寺措钦大殿
措钦大殿是哲蚌寺的主要建筑，位于哲蚌寺中心。大殿内的经堂规模宏大，装饰华丽，五光十色。经堂面积约1800平方米，总共有183根柱子

历代班禅大师的驻锡地，在藏族地区享有崇高地位。扎什伦布寺的措钦大殿可容纳两千余僧众诵经。寺内有历世班禅灵塔殿，藏舍利肉身。

塔尔寺始建于1379年，位于青海省湟中县城鲁沙尔镇西南隅的莲花山坳中。塔尔寺是当地佛教徒为了纪念宗喀巴而建造的著名格鲁派寺院。整个寺院由大经堂和显宗学院、密宗学院、时轮学院和医学院四大学院构成。塔尔寺以绚丽多彩的壁画、色彩绚烂的堆绣和栩栩如生的酥油花享誉海内外，它们被称为塔尔寺的"艺术三绝"。寺内还珍藏了许多佛教经典和历史、文学、哲学、医药、历法等方面的典籍。

拉卜楞寺始建于1709年，位于甘肃的甘南藏族自治州夏河县（拉卜楞镇）县城西边约1公里处。其建筑规模仅次于扎什伦布寺，是拉

萨以外藏传佛教最高学府之一。拉卜楞寺主要由大经堂和六大学院即闻思学院、上续部学院、正续部学院、时轮学院、医药学院、喜金刚学院组成。拉卜楞寺的最大特点在于学制健全、学僧辈出，在藏传佛教界享有很高的声誉。拉卜楞寺寺主是历代嘉木样活佛，现已传至第六世。

在西藏之外，著名的藏传寺院除了拉卜楞寺外，还有位于云南迪庆的松赞林寺。松赞林寺兴建于1679年，是云南省规模最大的藏传佛教寺院，因其外观布局酷似布达拉宫，所以有"小布达拉宫"之称。松赞林寺内历代珍品众多，有五世达赖、七世达赖时期的八尊包金释迦牟尼佛像、贝叶经、五彩金汁精绘唐卡，以及各种精美的鎏金或银质香炉、万年灯等。

小知识◎第二普陀山——布达拉宫

位于拉萨市中心的布达拉宫虽然不是传统意义上的寺院，却是西藏最著名的佛教建筑，也是世界上海拔最高、最雄伟的宫殿。"布达拉"是梵语音译，又译作"普陀罗"或"普陀"，原指观世音菩萨所居之岛，所以布达拉宫又被称为"第二普陀山"。

布达拉宫始建于7世纪的松赞干布时期，从松赞干布到十四世达赖的1300多年间，先后有9个藏王和10个达赖喇嘛在这里施政布教。

整个布达拉宫占地41公顷，建筑面积约12万平方米。主体建筑包括红宫和白宫，红宫居中，白宫横贯两翼。红宫有历代达赖喇嘛的灵塔和各类佛堂及经堂；白宫部分是达赖喇嘛处理政务和生活居住的地方。主楼高13层，由寝宫、佛殿、灵塔殿、僧舍等1000间组成。宫内珍藏大量佛像、壁画等文物，是拉萨这座雪域之都乃至整个青藏高原的象征。

2.吉祥妙法身
——造像艺术

在藏传佛教传播的区域,由于不识字的人比较多,比较形象化的教育方式在佛教弘传过程中被客观地确定下来。因此,藏传佛教格外重视佛教造像艺术。在藏传佛教中有被视为"大五明"之一的"工巧明",作为必修课程被提倡。藏传佛教的高级僧侣、活佛们都热衷于参加敬造佛、菩萨、上师像一类的宗教艺术活动。

西藏本土塑造的佛像在10世纪以前出现得较少。到了藏传佛教的后弘期,藏地佛像的造像形式大多模仿外来的艺术风格。如

元代西藏铜镀金金刚萨埵像
2009年10月21日展于首都博物馆。此像反映了元代的藏传佛教塑像水平。金刚萨埵是佛教密宗极为推崇的圣尊

四 蓬莱何须觅海上 | 111

西藏西部地区受克什米尔、巴基斯坦等地的影响较大，而中部、南部受印度东北与尼泊尔的影响较大，藏东则受内地的影响较大。

从14世纪开始，西藏的佛像塑造水平已渐渐成熟，在15世纪时达到高峰，17至19世纪是西藏造像艺术发展的后高峰期。在与当地艺术融合的过程中，藏传佛教造像艺术形成了具有鲜明的藏民族特色的风格，而且产生了擦擦和酥油花等独具特色的形式，成为我国佛教造像艺术中的一朵奇葩。

艺术特点

在艺术风格上，藏传佛教造像艺术具有模式化、多样化和民族化的特点。就艺术风格模式化来说，藏族造像大师们都十分注重按照《造像量度经》的规定进行雕塑，使不同类别的造像在身体量度、面相、衣着、装饰等方面具有统一的艺术规范。

从艺术风格多样化来说，藏传佛教的造像艺术既吸收了希腊、罗马、印度、尼泊尔、中亚的艺术元素，也融合了我国新疆、内蒙古和中原等多种文化，以至于藏地不同区域制作的佛像在风格上迥然各异。

从艺术风格民族化来说，藏传佛教的造像艺术呈现出一种独特而鲜明的地域文化风貌。造像大师们在遵守规范和兼容并包的同时，也融入了自身对佛像艺术的理解与藏族的审美意识，使塑造出来的佛像具有浓郁的藏民族特色。

在艺术题材上，藏传佛教造像艺术具有题材广泛、类型丰富的特性。藏传佛教的造像题材主要包括情节性的和非情节性的。

非情节性题材的藏传佛教造像，一般都是单体形象，包括不同类别，如祖师系、佛系（一般密宗的佛像在前、显宗的佛像在后）、菩萨系、佛母系、罗汉系(藏传佛教之中是十六罗汉)、护法神系、财宝天王系等。此外还有男女双身像,这是藏传佛教中特有的内容。其中男身代表慈悲、女身代表智慧,因此,男女双身代表"智悲双运"。

情节性题材的藏传佛教造像大都出现在石窟之中。主要表现为坛城、礼佛听法、歌舞、地狱等情节性浮雕。此外,酥油雕塑也能够表现情节性故事内容,如塔尔寺的大量酥油雕塑,反映了一些佛经故事和历史故事。

除此之外,藏传佛教造像艺术的表现形式十分多样。从材质上说,一般可分为泥塑佛像、木雕佛像、酥油塑像、金属塑像、石头塑像、彩粉塑像等。从大小上说,既有微型的佛像雕塑,如泥塑擦擦,也有像扎什伦布寺的强巴佛铜像这样高达26米多的大型铜塑佛像。在各式各样的造像中,擦擦和酥油花是藏地独特的艺术形式。

擦擦

擦擦,是藏语对梵语的音译,意为"复制",指一种模制的泥佛或泥塔,是从古印度石板塔腹内置放圣物装藏风习演变而来的藏传佛教艺术品。其大小没有统一标准,通常大一点的擦擦高度在30到40厘米之间,小一点的大概是1厘米。用模具印制、体积小是擦擦的最大特征,但即使是造型复杂、手持器具繁多的神灵塑像,在几厘米大小的擦擦上,也能够得到完美的呈现。

藏传佛教僧俗制作擦擦的目的在于积攒善业功德,并将其视作消灾祈福的圣物,多用于佛像及佛塔的装藏。有些擦擦直接被置于寺庙或岩窟内,还有的堆放在山顶和路口的玛尼堆处,与风马旗、玛尼石刻和经幡放在一起,受到信众的顶礼膜拜。藏地还流行将擦擦安放于随身佩带的嘎乌之内,以便随时随地进行观想礼赞。

擦擦按形制来分,大致有两类:一是塔形,其上有佛像及各种变相;二是砖形,其上印有佛像和经咒。

按制作成分来分,擦擦的类别有很多:最普通的、存世量相对较多的是泥擦,一般是用最普遍的泥土,考究的则用阿嘎土或掺有香灰、纸浆的泥土;骨擦是用圆寂活佛、高僧骨灰混合泥土制成,传世数量少于泥擦,多数出土自塔腹;还有一种是药擦,主要用泥质药浆或藏药炮制而成。

此外还有一类擦擦叫"名擦",即大活佛、知名人士亲手制作的擦擦。此种擦擦的背面几乎都保存有大师本人的印鉴痕迹、指纹或其他标记。

擦擦的艺术特色,是在粗放中追求精妙。在藏传佛教的信众看来,打制擦擦的数量远比质量更重要,因此相当数量的擦擦比较简单粗糙。尽管如此,仍有众多的工匠创造出不少的精品。17世纪中叶以后,是擦擦艺术发展的一个高峰,乾隆皇帝曾经亲自督造佛像。在北京故宫慈宁花园中的吉云楼的堆龛、壁龛、梁龛之上,布满了大小一样、同模压制的佛母擦擦,数量高达万件有余。

酥油花

藏地最有特色的塑像材质是酥油,又称酥油花,是藏族所独有的雕塑艺术形式。它是将酥油用各种矿物颜料调制成各种颜色,塑造各种佛祖神仙、历史人物、花鸟鱼虫、飞禽走兽、花卉树木、高山流水、蓝天流云等形象,呈现完整的立体画面。

作为雕塑艺术的一种特殊形式,酥油花最初产生于藏地的苯教。

塔尔寺的酥油花《文成公主进藏》
15世纪初叶,酥油花从西藏传入塔尔寺。经过塔尔寺僧人的弘扬和创新,酥油花成为塔尔寺的"艺术三绝"之一

641年文成公主进藏时带去的释迦牟尼佛像,原来没有冠冕。宗喀巴学佛成功以后,在佛像头上献了莲花形的"护法牌子",身上献了"披肩",还供奉了一束"酥油花",这就是酥油花的来历。后来酥油花在塔尔寺得到弘扬和发展。

酥油花的造型特点和手法类似国外盛行的蜡像艺术,但不宜长期保存。因此,酥油花的制作必须在冬季低温下进行。为了防止塑制中因手的温度而使酥油胚料融化变形,艺僧们在室温控制在零度的作坊

四 蓬莱何须觅海上 | 115

里制作，身边放一个盛有冰块的水盆，他们要不时将手浸入冰水之中。

　　酥油花与堆绣、壁画一起，被称为塔尔寺"三绝"。塔尔寺内有专门的酥油花馆，陈列着僧人们巧手创作的酥油花。这些酥油花集雕塑艺术之大成，具有很高的艺术水平和独特的艺术风格，规模宏大壮观，内容丰富多彩，形象栩栩如生，还有"释迦牟尼佛本生记"等故事情节的呈现。

3. 殊胜绘圣像
——绘画艺术

伴随着佛教的传入，佛教绘画艺术也由印度传入了藏区，经过长期的发展，演变成为具有浓厚藏民族特点的藏传佛教绘画风格，并且产生了众多的藏传佛教绘画流派，创造出丰富多彩的构图、造型、线条、色彩、装裱等形式，使佛教绘画艺术大放异彩。

艺术特点

从绘画手法上来看，藏传佛教绘画艺术具有将佛法教理形象化和比喻化的特点。藏族画师们充分发挥出各自的奇特想象力，运用夸张、象征、比喻等手法，以各种颜色和造型，将佛教教理，佛经中的无常、无我、缘起、善业、恶业、生死轮回、因果报应等观念，显、密教的各类神灵体系及其功能特点等内容象征化，并将各种形态、表情、装束、法器具体化，显得格外的生动。

藏族佛教绘画艺术有三大流派：展示沉着灰雅色彩画风的庆赤派、

护法神壁画
位于扎什伦布寺十世班禅灵塔殿。护法神有的来源于印度婆罗门教和印度教,有的来源于西藏苯教和民间信仰,还有的来源于蒙古和内地的民间社会信仰

展示富丽高雅色彩画风的嘎赤派、展示强烈奔放色彩画风的门赤派。

在江孜地区寺庙的壁画中,有庆赤画派的作品。其绘画方法接近现代画法,以明暗体现主体感,多运用色彩和晕染法,用深浅色阶组成凸凹感,较注重人物形象。所以其特点是色彩复杂、人物形象丰满、构图富有趣味。

嘎赤画派流行于昌都一带。因昌都离四川等地较近，受内地影响较大，嘎赤画派的特点表现为形象比较写实、色调幽雅、画面洁净。在类乌齐寺的壁画中，有许多这类作品。

门赤画派所用的方法为西藏古老画法，具有浓厚的地方特色，在描绘人物形象时具有严谨、圆润、流畅、奔放、自由的特点。由于该画派多运用强烈对比的色彩，因此构成了艳丽、活泼、热烈的色调。

从用途上说，藏地绘制的佛画主要用于寺院供养，庄严寺院殿堂，或者提供给朝佛者欣赏用。由于绘制藏传佛画的目的不同，其内容也就不同。藏传佛教绘画艺术的题材类型与塑像类似，可分为非情节性和情节性两类。

非情节性类是指单一的画像类，包括佛像类、菩萨像类、罗汉像类、明王像类、祖师类、高僧类或天尊类、曼荼罗类、象征符号类、法器类和祖寺风景类等。情节性的佛画，多为根据佛经构成的佛教故事画，大约有佛传故事类、佛本生故事类、经变故事类、弘法历史故事类、建寺故事类等。

从类型上看，藏传佛教绘画可分为岩画、壁画、唐卡和粉末画四种。其中，壁画和唐卡是最具有藏地绘画特色，也是最常见、影响最大的两种。

岩画是产生最早的一种绘画类型，是指在岩穴石崖的壁面上用金属工具等敲凿、磨制、刻画，或用赭石一类矿物颜料涂绘而成的画面。扎拉路普石窟寺里的岩画就是其中的典型代表。

壁画是由早期的岩画艺术发展而来的。随着寺院的建立，壁画主要绘制在寺院的内墙四周和屋顶的墙面上。唐卡画是为了满足僧俗大众收藏、携带的需要，从固定的壁画中发展、产生而来的一种绘画类别。

粉末画是指将五谷、花朵等实物磨成粉末，然后用手绘的图画。一般原料有彩沙、五谷粉末、花朵粉末、红色土末、坟墓中的炭粉或骨粉。其中彩沙为上品，一般用于绘制坛城；五谷粉末为中品；花朵粉末、红色土末为下品。

佛教壁画

壁画是绘制在墙壁上的一门艺术。在西藏、青海、甘肃等地藏传寺院的各个殿堂内，都有大量充满神奇色彩的壁画，可与新疆石窟壁画、敦煌莫高窟壁画相媲美。

西藏宗教壁画兴起于7世纪初。8世纪中叶到9世纪初，由于佛教势力的兴盛，壁画艺术在很大程度上也得到发展。到了明清时期，壁画艺术达到高度繁荣。

在墀松德赞时期，西藏宗教壁画的风格便已形成。西藏壁画的风格大致可分为三派：汉式风格、印度风格和尼泊尔风格。汉式风格多出现在以德格为中心的西藏东北地区，该地的壁画用笔细腻，取内地

扎什伦布寺强巴佛殿内的狮子壁画
强巴佛殿位于扎什伦布寺西侧，内有引人注目的强巴大铜佛像一尊。此大殿建于1914年，由九世班禅曲吉尼玛主持修建

工笔重彩，多用铁线描，背景图中常配以山水流云及花鸟。印、尼风格则多体现在西藏西南以日喀则扎什伦布寺为中心的壁画上，取法印度、尼泊尔和克什米尔，线条流畅，跌宕起伏，色彩浓郁，喜用对比强烈的冷色调。

藏地寺院的壁画布局，可以根据建筑的结构来安排。但在正壁的较高壁面上，常绘以过去七佛，在四周较高壁面上常绘102佛身和本生故事等。各个经堂还根据自己研修的经典，绘制一些旨在阐释经义的壁画。在经堂外院墙的壁画中，常常绘有印度和西藏历史上著名的宗教人物肖像。此外，在大经堂大门两边，一般绘有四大天王、圣僧图以及四祥瑞图等。

阿里的古格王国遗址中的壁画是西藏佛教壁画中的代表作品。古格王国始建于约11世纪，其遗址中的护法神殿、曼荼罗殿、大威德殿形制完整，各具风格。其中遗存下来的近800平方米的佛寺壁画，内容极为生动丰富，并且风格多样。托林寺是古格王国最早的寺院，寺内的集会殿满壁绘有各种姿态的供养菩萨和迦陵频伽、龙女等，形象变化多端，还有一些动态优美、富有装饰性的护法神像和坛城图。

西藏扎塘寺壁画是现存的

托林寺壁画
托林寺坐落于西藏自治区阿里地区扎达县城西北的象泉河畔，始建于北宋时期，是古格王国在阿里地区建造的第一座佛寺

四　蓬莱何须觅海上 | 121

极为珍贵的早期藏传壁画，是以佛说法为中心的佛传图，通过不同的面形和须眉处理，使得人物具有丰富的表情和不同的个性。壁画采用中原粉本而又有所变革，从中可以看出汉藏文化的交流和相互影响。

此外，西藏大昭寺、桑耶寺、夏鲁寺、甘丹寺、白居寺、哲蚌寺、色拉寺、扎什伦布寺、布达拉宫，青海瞿昙寺、吾屯寺、塔尔寺，甘肃拉卜楞寺等寺庙的壁画都极具艺术性，是元、明、清以来各族人民的艺术结晶。

小知识◎藏传佛教绘画中的四祥瑞图

在藏区绘画中常见的四祥瑞图的故事，来源于一世达赖喇嘛格敦珠巴所著的《毗奈耶经广因缘集》。据该著作记载，释迦牟尼佛在世的时候，有一天众比丘讨论何为礼敬的标准，佛陀教导说应向长者礼敬，并讲说理由：

曾经有松鸡、野兔、猴子和大象四种动物在森林中和睦相处，他们之间列出长幼顺序，以松鸡为最长，然后依次是野兔、猴子、大象。从此，年幼者向年长者礼敬，并以敬语称呼长者，而使得相处更加和谐。他们还以戒杀生、戒偷盗、戒邪淫、戒说谎、戒饮酒等"五戒"来要求自己的同类和所有动物。从此，该地风调雨顺，生态平衡，呈现出欣欣向荣的景象。该地的国王经仙人指点，得知此乃缘于四个动物倡导互敬礼让，从此在自己的国家也提倡"五戒"，以至全国大多数人都照此实行，因而都得以往生三十三天。

佛陀告诉众比丘，故事中的松鸡便是释迦牟尼佛的一世，野兔是舍利弗，猴子是目犍连，大象是大迦叶。释迦牟尼佛通过这个故事讲述了僧团和合、社会和睦以及生态和谐的重要性。

因此，绘有松鸡、野兔、猴子和大象的四祥瑞图至今仍是藏族百姓最爱张贴和绘制的家庭装饰之一。

藏传唐卡

唐卡是藏传佛教文化圈中一种独特的宗教绘画艺术。"唐卡"在藏语中的意思是"平坦的地域"、"广阔的空间"，也有"可向上卷起之物"的意思。

唐卡在藏地的历史可以追溯到吐蕃时期，到佛教后弘期得到大的发展。唐卡艺术以其丰富的题材内容、精湛的技巧、超凡的创造力、深刻的佛教义理，成为藏传佛教艺术中的一块瑰宝。

根据制作所用的材料，唐卡可以分为两大类。一类是用颜料绘制的唐卡，藏语叫"止唐"。止唐又可分为彩唐、金唐、朱唐、黑唐和版印五种。另一类是用丝绢制成的唐卡，藏语叫作"国唐"。国唐又可分为贴绣、织绣、刺绣、缝绣和版印五种。

止唐是唐卡最开始采用的艺术表现形式。国唐是在其基础上发展起来的。其中的贴花"国唐"，又叫堆绣，是用各种彩色绸缎组成所需图像形状后，用羊毛或棉花充实其中，粘绣在布幔上，组成人物和各种图案，有的还在局部嵌以珠宝。青海塔尔寺收藏的《十六尊者显神通》、《蟠桃会》等作品均为堆绣艺术中的珍品。

版印"国唐"是将画好的图像雕刻成模板，用墨或朱砂作颜料将模板印于薄绢或细布上制作而成的唐卡。套版的材质主要为木板，也

《魔女仰卧图》唐卡
该唐卡采用金、银等多种矿物质颜色和藏红花、茜草、大黄等植物颜料绘制,在20世纪90年代被发现时仍保持着艳丽的色彩

有铜质和铁质的。用这种工艺制作的唐卡,线条纤细,层次分明,类似于雕版印刷。

此外,还有用珠宝镶嵌连缀而成的"唐卡",华丽精美,弥足珍贵。在西藏山南地区泽当县的昌珠寺,有一幅珍珠唐卡——《观音菩萨憩息图》,是昌珠寺的镇寺之宝。

唐卡的大小并不统一,尺寸各异。根据大小形制,唐卡可以分为画片唐卡(即微型唐卡)、卷轴唐卡(即普通唐卡)和大幅唐卡(即超大型唐卡)三个体系。常见的唐卡,一般长一米左右,宽六七十厘米,寺院和个人居室收藏或悬挂的唐卡主要是这一种。较为特别的是可以置于掌上的微型唐卡和长达数十米的巨幅唐卡。

"国唐"中的巨型唐卡被称为"国固"。布达拉宫所珍藏的一幅"国固"唐卡,高 55.8 米,宽 46.81 米,是目前最大的唐卡。拉萨哲蚌寺也珍藏了一幅高 30 米、宽 20 米的巨幅释迦牟尼佛像唐卡,每年雪顿节的时候,就会请出以举行盛大的"晒佛"仪式。

根据表现题材,唐卡可分为宗教类和非宗教类。宗教类唐卡还可分为造像唐卡、故事传说唐卡、历史人物传记唐卡、教理教规唐卡、建筑唐卡、宗教图案唐卡、经文唐卡等。其中最常见的是造像唐卡,包括诸佛、菩萨、度母、本尊和护法等神灵造像,也有达赖、班禅活佛和历代高僧祖师等人物造像。

历史人物传记唐卡有高僧画传、法王画传、藏王画传等,如珍藏于萨迦南寺的唐卡《八思巴画传》,由 30 幅唐卡组合而成,描绘了萨迦法王八思巴一生的宗教政治活动。

布达拉宫收藏的《布达拉宫兴建图》属于建筑唐卡,由上百幅唐卡组成,再现了 17 世纪时修建布达拉宫的场景。

依据藏族人的宗教习惯,唐卡是用来供奉、礼拜和观想的圣物,因此绘制唐卡是件神圣的事情,在绘制过程中要严格按照仪轨进行。开始绘画前要念诵经文、奉献供品,举行各种宗教仪式。一幅唐卡绘制完后,要在装裱之后送到寺庙内请高僧进行诵经开光。经过开光仪式后的唐卡才能成为具有灵性的宗教圣物。

历史人物唐卡
唐东杰布(1385~1464),明代著名建筑师,藏戏的开山鼻祖。藏民历来把他看作是创造藏戏的戏神和修建桥梁的铁木工匠的"祖师"

小知识◎唐卡的制作与装裱

唐卡的制作有着特定的步骤。首先是制作画布,即根据画面大小,先作一个木框,将亚麻、棉布或丝绸等底布用绳子绷在木框上。再用特制的糊状物,均匀地刷涂在底布上,将纺织物表面的细孔填平,晾干之后再用卵石反复打磨光滑。接下来是画线描稿,即在加工好的底布上作画,先找出中心线、中心点,然后起稿按照规定的造像尺度绘制图像的轮廓。之后,依次进行着色、晕染、勾线、描金等复杂工序。

接下来是去框装裱,即在唐卡画的背面加衬布,四边按一定比例镶以彩色丝绢或锦缎。唐卡装裱形状上有两种:一种和中原的字画装裱相类似,另一种是独具特色的梯形装裱。最后再缝上丝幔,防止灰尘和污垢。丝幔外配饰两条等长的彩带,即"风带",宽4～5厘米,既可装饰,又可挡住丝幔不被风吹开。

绘制唐卡所使用的颜料,都是不透明的天然矿物质及透明的植物颜料,颜料中要调进骨胶和少许牛胆汁以防腐。用这些原料绘制出的唐卡,色彩鲜艳浓烈。由于西藏地处高原,气候干燥,所绘成的唐卡即使经过数百年之久,依然色泽鲜艳,犹如新绘制的艺术佳品。如扎什伦布寺班禅大师经堂内,供有一套唐卡《仁登尼安》,共32幅,为六世班禅时所绘,距今已有250多年之久,仍鲜艳如初。

4. 乐舞弘觉道
——乐舞艺术

据记载，在藏传佛教后弘期，有六十四种技艺从印度传入了西藏，其中有工巧艺三十种、器乐十八类、舞蹈九技等。藏传佛教各教派寺院及信教群众在各种宗教仪式、活动及生活中，常常吟咏、诵唱、演奏具有宗教内涵及功用的音乐，有时还伴有仪式性的舞蹈。由此便形

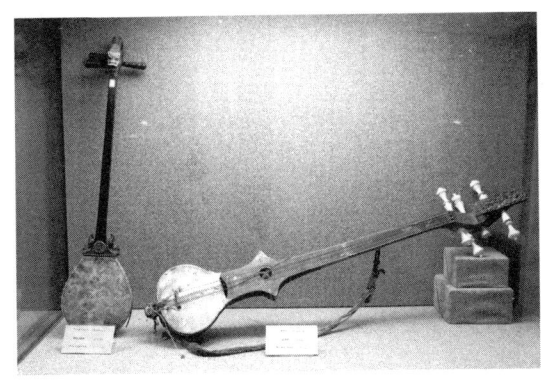

藏族乐器扎年琴

扎年琴，藏语意为"悦耳动听之声"。扎年琴有六弦琴、八弦琴、十六弦琴等种类。其中以六弦琴最为普遍，也最为有名，它广泛流传于西藏各地和其他藏区

成了藏传佛教的音乐和舞蹈艺术,是各教派的各种宗教仪轨和民间宗教活动中不可缺少的部分。

佛教乐器

佛教的音乐与仪式之间有着非常紧密的联系,所有类型的仪式几乎都是在音乐声中进行的,因此佛教乐器的使用是佛教仪式中不可缺少的部分。佛教乐器主要用于包括节日僧众巡游、庆典活动、寺院作息、佛事活动以及在具体仪式、修行活动中的音乐。

在藏传佛教后弘期,藏地出现了宗教乐器。初期的宗教乐器基本上是以鼓钹为主的击打乐器和海螺、胫骨号等发单音的吹管乐器。元朝时期内地就已出现的云锣,大致到明末清初时传入了西藏。至今仍在噶举派寺庙中使用的有九音云锣、十音云锣。不过其制造、使用、形状等特征都已经藏族化了。

具有代表性的藏传佛教乐器很多,至少包括如下几种:

"额阿"是柄鼓与大鼓的藏语统称,这两种鼓在藏传佛教寺院都是必备的乐器。柄鼓在宗教音乐中使用更为频繁。柄鼓是在巨大的鼓身上设置了木质长柄而得名,经常与大钹一起用于诵经、羌姆演出及宗教仪式。

"董嘎尔"即法螺,在藏族地区仅用于佛教寺院的宗教活动。藏传佛教寺院使用的董嘎尔螺口右旋,装饰精美,在法螺顶

银翅法螺
西藏博物馆藏的 17 世纪银翅法螺,是藏传佛教中重要的法器和乐器,装饰十分精美

手持柄鼓的喇嘛
柄鼓是西藏宗教寺院的主要乐器之一,与钹和其他寺院乐器合作配合,应用于各种宗教仪轨活动和神舞羌姆的伴奏

端镶制铜(或银)片制成的吹口,下端缀有彩色绸带。布达拉宫珍藏的金饰银翅的特大法螺,全长约为57厘米。铜钦出现之后,遂逐渐取代法螺成为佛教寺院主要的吹奏乐器。

"达玛如"是一种藏族特有的小型打击乐器,鼓身由两个半球形的腔体在底部互相连接而成。达玛如的鼓面用羊皮制成,染成墨绿色,演奏时用拇指与食指捏住鼓腔结合部分,摇动而发声,其发音方式与内地使用的拨浪鼓相同。

"止布",汉语称法铃、金刚铃或手铃。铃体用铜铸成,镂刻有精美图案,主要是在藏传佛教的诵经活动中由领经喇嘛或活佛摇奏。

西藏佛教寺院中演奏时最普遍使用的乐器是铜钦和甲铃,它们各自有大量的独奏曲,也可以和其他佛教乐器结合进行合奏。

铜钦是藏传佛教音乐的创造,在藏族地区已有1100多年的历史,

四 蓬莱何须觅海上

16世纪又随藏传佛教一起传入内蒙古地区。铜钦属于旋律性乐器，能吹出三个基础音和不少辅助音，发音低沉、洪亮而富有变化。铜钦有大小两种，大者长350厘米左右，小者长150厘米左右。西藏萨迦寺保存了一支珍贵的银制铜钦，长346厘米，喇叭口径28.5厘米。

在藏地，每个寺院最少都有一对铜钦，较大寺院则有两三对甚至更多。铜钦常在诵经、羌姆等宗教活动、盛大庆典活动或节日前夕吹奏，多使用两支同时演奏。目前，在拉萨的哲蚌寺和大昭寺里，还保存有极为珍贵的铜钦乐谱。

"甲铃"是寺院鼓吹乐队中唯一能奏出较复杂旋律的乐器。藏民们普遍认为甲铃是内地唢呐传入西藏后的变体。甲铃的曲目很多，各

法鼓
位于西藏日喀则江孜县白居寺大殿念经堂内的法鼓，为举行宗教仪式时所用的乐器之一

大寺庙都称过去有108首，现在有些寺庙的乐僧能演奏四五十首甲铃曲。

甲铃大都制作精美，有的甲铃管身饰有银环及蓝色松耳石，喇叭口及哨管镀以纯银，形象璀璨夺目。甲铃多用于羌姆乐舞的重要段落，在乐队合奏中担任主要旋律部分。只有个别乐舞段落仅用两支甲铃齐奏作为乐舞的伴奏。

四川德格佐钦寺供火法式上吹奏甲铃的喇嘛
甲铃是寺院鼓吹乐队中唯一能奏出较复杂旋律的乐器，大都制作精美，有的甲铃管身饰有银环及蓝色松耳石，喇叭口及哨管镀以纯银，形象璀璨夺目

循环换气法是甲铃常用的演奏技法，可以有连绵不断的音乐效果。在演奏中常用连续的、快速的装饰音，也是甲铃音乐演奏风格之一。甲铃乐曲的节奏比较散，与民间牧歌、藏戏唱腔、谐钦的慢板段非常相似，是自由式的，几乎无拍子的感觉。

铜钦和甲铃的出现，使藏传佛教音乐的乐队结构发生了重大的变化，佛教乐队从此有了旋律性乐器，象征神的平和之象的吉祥妙音甲铃和象征神的愤怒之音的铜钦，最终使藏传佛教乐队具有了独立的个性和形象。

藏传佛教寺院乐器依托信仰与仪式，在设置与传承上都很规范。目前来看，所有寺院的乐器种类大致相同，只是数量多少和对乐器的名称叫法有所不同。在有些特别大的佛教活动中，铜钦、大手柄鼓等乐器要成倍地增加，以使音响愈加震撼人心。

藏传法舞

藏传佛教独特的法舞,叫作"羌姆",是藏传佛教寺院在重要的宗教节日时,由僧侣演出的大型宗教仪式性乐舞。"羌姆"已成为藏传佛教乐舞的专用名词。它的汉语称谓有很多种,如法舞、神舞、跳神、打鬼、跳布扎、金刚神舞、金刚驱魔神舞等,也可称为"藏传佛教神舞"或"藏传佛教法舞"。

羌姆最初产生于西藏,其起源可追溯到 8 世纪中叶桑耶寺落成之时,莲华生大师在开光法会上编创演出的乐舞,表现了驱魔镇邪的内容,这种早期的寺院乐舞就是后世羌姆乐舞的雏形。

到藏传佛教的后弘期,萨迦派、噶举派、宁玛派等教派也都按各自的教义创造了不少舞种。各教派的羌姆舞蹈,初期都以训练修行者为目的,属于密教仪式的一种。古老教派噶举派的羌姆曾一度禁止俗人观看,后来逐渐演变成为公开的宗教表演仪式。经过千余年的代代传承,羌姆逐步丰富其表现内容、规范其艺术形式,终于形成独具特色的大型套曲性的宗教乐舞。

作为一种神圣、严肃、庄重的宗教仪轨祭祀活动,表演"羌姆"的僧人都要着以特定的、宽大而精致的、色彩鲜艳的神衣,手执不同的法器,如刀、剑、三叉戟、法铃、金刚杵、柄鼓等,戴上象征神、佛、护法、鸟兽神祇、阎魔鬼怪等形象的宗教面具,在庄严雄浑的法号、唢呐和鼓钹的伴奏下,按照佛教密宗教义教规表演各种动作,以祭祀先祖、神灵,为芸芸众生消灾驱邪、祈祷福寿吉祥。这种以跳"羌姆"为活动中心内容的宗教仪式,出场表演的角色可达数十人之多,表演时间往往长达 3 天以上。

法会上的"羌姆"表演
甘肃甘南郎木寺正月法会上跳"羌姆"的情景。羌姆是藏传佛教独有的宗教舞蹈

各个教派都盛行跳"羌姆"。萨迦派一年举办三次,分别为藏历2月、7月和11月,其中以夏季和冬季所跳的"羌姆"规模最大。噶举派每年藏历12月29日举行。格鲁派跳"羌姆"始于1645年,由四世班禅罗桑确吉坚赞主持,在扎什伦布寺举行,后来逐步发展到全藏格鲁派寺院。

各地区不同教派的寺院所演出的羌姆具有一些共性特征。表演内容大多以驱魔镇邪为主旨,都是哑剧形式的系列舞蹈,不用人声演唱,只用寺院鼓吹乐队伴奏。乐队的组成与诵经音乐使用的乐队基本相同,使用的吹奏乐器和打击乐器也基本相同。区别就在于不同寺院的羌姆活动中出场的神祇角色人物不同,各个寺院表演时所穿着的法衣和手执的法器也不同，舞蹈表演段落数量不一，每年举办法会的日期和次数也不尽相同。

宗教在人类历史上是文化传播的重要媒介。佛教传入藏地后，并不表现为纯粹单一的宗教行为，而是在传播信仰的同时，与藏族本土文化的语言、风俗、绘画、雕塑、音乐、舞蹈等多方面融合，甚至对其进行渗透，最终形成了具有藏民族特点的佛教文化艺术。

小知识◎藏传佛教的诵经调

> 诵经调即僧侣们诵唱经文时所采用的曲调。噶举派祖师米拉热巴是一位非常善于用诵经调传法布道、教授带徒的高僧，他吸收和采用西藏古代"古尔"律体的民歌形式诵唱经文。
>
> 米拉热巴的"古尔"，对后期的佛教诵经调和藏族诗歌体的发展有一定的影响。格鲁派迅速崛起之后，寺院规模扩大，众多僧人在一起集体诵经，使诵经调节奏更加鲜明，音调更富有歌唱性和统一性。大规模的佛事活动，少则几十人到几百人，多则上千人到几千人一齐诵唱经文，对诵经调的音调、节奏和配合的乐器产生了更高的要求。

◎多姿多彩的"羌姆"面具

"羌姆"中的表演角色除个别不戴面具外，其余都戴着立体式的、大型的套头面具。面具，藏语音译为"巴"，是指用纸、布、木、金属、泥、石等为原料制作而成的可戴在头上进行宗教仪式、舞蹈、戏剧等表演或供悬挂、祭祀供奉、膜拜观赏用的人物、动物、鸟禽面部的造型艺术形式。

"羌姆"面具是多彩多姿的藏族面具艺术中独具风采的重要组成部分。不同角色的面具有不同的形象造型。其中许多角色如护法神、阎魔王等的面具造型是威猛愤怒的形象，具有极强烈的震慑力。少数角色如弥勒佛、神童等的面具则是和善可亲的形象。

图书在版编目（CIP）数据

雪域梵音：藏传佛教史 / 熊江宁著. — 郑州：中州古籍出版社，2015.5

（华夏文库）

ISBN 978-7-5348-5094-3

Ⅰ.①雪… Ⅱ.①熊… Ⅲ.①喇嘛宗-佛教史-西藏 Ⅳ.①B946.6

中国版本图书馆CIP数据核字（2014）第279856号

华夏文库·佛教书系
雪域梵音：藏传佛教史

总 策 划	耿相新　郭孟良
项目统筹	单占生　萧　红（执行）
责任编辑	王建新
责任校对	苏晓园
美术编辑	王　歌
版式设计	曾晶晶
封面设计	新海岸设计中心
责任印制	刘新毅

出　版	中州古籍出版社
	地址：河南省郑州市经五路66号
	邮编：450002
	电话：0371-65788693
经　销	新华书店
印　刷	河南新华印刷集团有限公司
版　次	2015年5月第1版
印　次	2015年5月第1次印刷
开　本	960毫米×640毫米　1/16
印　张	9印张
字　数	104千字
印　数	1-3000册
定　价	23.50元

本书如有印装质量问题，由承印厂负责调换